Franz-Josef Hanke

Wir
vom Jahrgang
1955
Kindheit und Jugend

Impressum

Bildnachweis:

Titel: Fam. Trauer: oben; ullstein bild–Werner Otto: unten; Margarethe Battke: hinten
Lieselotte Gawliczk: S. 5; Margarethe Battke. S. 6; Dorothea Nohler: S. 7; ullstein bild: S. 8, 19, 21, 31; Frank Walter: S. 9o; ullstein bild-Oskar Poss: S. 9u, 10; Ursula Götz: S. 11; ullstein bild-POP-EYE: S. 13li; ullstein bild-Jazz Archiv Hamburg: S: 13re; Bernd Storz: S. 14; ullstein bild-H.Schmidt-Luchs: S. 16; Presse-Bild Poss: S. 17, 25; ullstein bild-Dammer: S. 23; Familie Trauer: S. 26; ullstein bild-AKG: S. 27; ullstein bild-Rudolf Dietrich: S. 28, 48; Hans-Joachim Weyda: S. 29; ullstein bild-Harry Croner. S. 30 o; ullstein bild-Röhnert: S. 30 u; ullstein bild –Bunk: S. 32; Haus der Geschichte Baden-Württemberg: S. 33o; Stadtarchiv Butzbach. S. 33u; Norbert Pechmann: S. 34; ullstein bild-Granger, NYC: S. 35; Anika Simon: S. 36; ullstein bild-Teutopress: S. 38; ullstein bild: Hamann: S. 39; ullstein bild-Leber: S. 41; ullstein bild-KPA: S. 43; ullstein bild-Spiegl: S. 44; ullstein bild-Ferdi Hartung: S. 45; ullstein bild-Kreth: S. 46 u; ullstein bild-von der Becke: S. 46o; 50er Jahre Museum Büdingen: S. 49, 50 (3), 51o; ullstein bild-United Archives: S. 51 u; ullstein bild-Werner Otto: S. 52, 63; Heinz Mergell: S. 54, 56u, 57; ullstein bild-Sven Siemon: S. 55; Gundi Kampf: S. 56 o; Stadtarchiv Aalen: S. 58; Martha Kuhn: S. 59; ullstein bild-dpa: S. 61; ullstein bild-Kujath: S. 62.

Besuchen Sie das 50er-Jahre-Museum
in Büdingen mit seinen unzähligen Exponaten
aus einer spannenden Epoche:

50er-Jahre-Museum e.V.
Auf dem Damm 3
63654 Büdingen
Tel.: 06042/950049

16. Auflage 2024
Alle Rechte vorbehalten, auch die des auszugsweisen
Nachdrucks und der fotomechanischen Wiedergabe.
Gestaltung und Satz: r2 | Ravenstein, Verden
Druck: Druck- und Verlagshaus Thiele & Schwarz GmbH, Kassel
Buchbinderische Verarbeitung: Buchbinderei S. R. Büge, Celle
© Wartberg-Verlag GmbH
34281 Gudensberg-Gleichen • Im Wiesental 1
Telefon: 056 03/9 30 50 • www.wartberg-verlag.de
ISBN: 978-3-8313-3055-3

Liebe 55er!

1955 war das erste Jahr mit einer Schnapszahl nach dem Zweiten Weltkrieg. Die Jahre der Entbehrung waren nun endgültig vorüber. Man war zufrieden mit dem Wenigen, was man hatte. Allmählich ging es allen besser. Das Wirtschaftswunder war auf dem Weg zu einer eindrucksvollen Erfolgsstory. Schon 1955 wurde die Bundesrepublik zweitgrößter Autohersteller nach den USA. Die Autos waren klein, rund und tropfenförmig.

Der Kalte Krieg trennte die Welt in „Gut" und „Böse". Bundeskanzler Konrad Adenauer flog nach Moskau, um mit dem sowjetischen Generalsekretär Nikita Chruschtschow über die Freilassung der deutschen Kriegsgefangenen zu verhandeln. Im Kino lief „Über den Dächern von Nizza" mit Grace Kelly und Cary Grant an. Die Nobelpreisträger Albert Einstein und Thomas Mann starben 1955.

All das bekamen wir in unserem vergitterten Kinderbettchen nicht mit. Uns interessierte nur die Milch aus der Mutterbrust. Die Kindernahrung kam nicht aus dem Glas, sondern vom benachbarten Acker. Im hölzernen Laufstall krabbelten wir umher, bis wir schließlich laufen lernten. Aus den beschaulichen 50ern und den unruhigen 60ern führte unser Weg in die flotten 70er und dann immer weiter in die heutige Hektik.

Unsere Kindheit fiel in die Jahre des Wirtschaftswunders. Die Zeiten des Mangels waren endgültig vorüber. Unsere Jugend war geprägt von der Aufbruchsstimmung am Ende der 60er-Jahre. Erwachsen wurden wir in den Jahren der Konsolidierung zu Beginn der 70er. Den meisten Menschen in Deutschland ging es richtig gut. Wir hatten das Glück, keinen Krieg im eigenen Land miterleben zu müssen. Wir waren Kinder des Friedens.

Der „Deutsche Herbst" versetzte das Land zwar in Angst und Schrecken, doch eine echte Gefahr bestand für uns nicht. All das hat sich tief eingebrannt in unsere Erinnerung. Weniger schöne Erlebnisse haben wir weitgehend vergessen. Geblieben sind vor allem die angenehmen Erinnerungen an eine behütete Kindheit und eine aufregende Jugend.

Franz-Josef Hanke

Das **Leben** beginnt

Das war unser erstes Gefährt.

Die ersten Schritte

Das erste Lebensjahr haben wir
großenteils verschlafen. Krabbeln
war unsere wichtigste Fortbewe-
gungsmethode. Von der Mutter
ließen wir uns in einem rundlichen
Kinderwagen durch die Straßen
schieben. Den ersten vorsichtigen
Schritten folgten aber bald schon
weitere. Tapsig waren sie noch und
unsicher. Unsere ersten Worten
waren „Mama" und „Papa" doch es

Chronik

5. April 1955
Winston Churchill tritt zurück.

5. Mai 1955
Der Deutsche Bundestag beschließt die Wiederbewaffnung, die Bundesrepublik tritt der NATO bei.

14. Mai 1955
Der Warschauer Pakt wird gegründet.

16. Juni 1955
Der argentinische Präsident Juan Domingo Perón wird gestürzt.

5. August 1955
Der millionste VW Käfer läuft vom Band.

2. Januar 1956
Gründung der Bundeswehr, die DDR gründet ebenfalls 1956 ihre Volksarmee.

27. Januar 1956
Die DDR tritt dem Warschauer Pakt bei.

1. August 1956
Einführung der Führerscheinpflicht in Belgien. Autobesitzer über 21 bekommen den Führerschein ohne Prüfung.

11. Oktober 1956
Die Bundesregierung beschließt eine Kartei für „Verkehrssünder" in Flensburg.

29. Oktober 1956
Israelische, französische und britische Truppen greifen Ägypten an (Suez-Krise).

2. November 1956
Ministerpräsident Imre Nagy kündigt Ungarns Mitgliedschaft im Warschauer Pakt auf.

11. November 1956
Russische Truppen erobern Budapest.

1. Januar 1957
Frankreich gibt das Saarland an Deutschland zurück.

4. Oktober 1957
Die Sowjetunion startet den ersten Erdsatelliten „Sputnik I".

Keine Angst vor großen Tieren.

dauerte, bis sich unser Wortschatz erweiterte und wir in vollständigen Sätzen sprachen.

Die Welt um uns herum erblickten wir meist durch hölzerne Gitter. Ein herunterklappbares Gitter bewahrte uns davor, dass wir aus dem kleinen Kinderbettchen hinausfielen. Und auch der Laufstall gewährte uns einen freieren Blick nur, wenn wir uns aufstellten und über das Holzgitter hinwegschauten. Verstanden haben wir die Welt, die wir sahen, sowieso noch nicht. Für uns bestand sie vor allem aus den Liebkosungen der Mutter, Nahrungsaufnahme und Schlafen.

Unserer Mutter machten wir viel Arbeit. Die vollen Windeln musste sie in einem großen Waschkessel voll Seifenlauge auskochen. Alle zwei oder drei Tage stand sie in der dampfenden Waschküche im Keller und wrang die

1. bis 3. Lebensjahr

Wir träumten von einer großen Ausfahrt.

sauberen Windeln nach dem Waschen aus. Trotzdem hatte sie viel Zeit für uns. Wie viel Kraft ihr Kind sie gekostet hat, konnten wir kleinen krähenden Knuddelwesen kaum ermessen.

Unsere Väter waren stolz auf uns, konnten aber noch nicht so richtig etwas mit uns anfangen. Waren wir Erstgeborene, fehlte es unseren Vätern an Erfahrung. Sie waren unsicher, wie sie mit diesen kleinen, zerbrechlich wirkenden Wesen, die sie beschützen wollten, umgehen sollten. Und wenn wir dann auch noch verdächtig rochen, suchte mancher Vater das Weite. Trotzdem, sie liebten uns.

Hatten wir Geschwister, war die ältere Schwester begeistert über das neue kleine Wesen, das sie umsorgen konnte. Das war doch viel besser als eine Puppe – zumindest anfangs. Der ältere Bruder interessierte sich kaum für den strampelnden Säugling, erst wenn wir laufen konnten, wurden wir als Spielkameraden interessant.

Mit der Ware unterwegs

„Lumpen, altes Eisen!" Der Altwarenhändler hielt seine Hand zum Fenster des Autos hinaus, während er seine Werbe-Aufforderung sang. Dazu klingelte er mit einer kleinen Glocke. Derweil fuhr das dunkelgrüne Goli-Dreirad langsam die Straße entlang. Immer wieder hielt das dreirädrige Gefährt an, wenn

1. bis 3. Lebensjahr

Ehlers rollender Feinkostladen

In den 50er-Jahren rollten die Verkaufsmobile regelmäßig durch das Land.

jemand aus einer Haustür herauskam. Alte verbeulte Kochtöpfe stapelte der
Lumpenhändler ebenso sorgsam auf der Ladefläche seines Dreirads wie
abgetragene Kleidung oder alte Radiogeräte. Einmal im Monat kam der
Kleinlaster zu uns ins Dorf.

Etwa zweimal im Jahr ließ sich auch der Scherenschleifer blicken. Er wan-
derte von Haus zu Haus und klingelte überall an der Tür. Und es kamen noch
mehr „Fliegende Händler" mit ihren Autos, obwohl es am Ort ein Lebensmittel-
geschäft, einen Milchladen, eine Bäckerei und eine Metzgerei sowie eine
Gastwirtschaft gab. Jeder erschien zu festen Terminen, das machte es für
unsere Mütter einfach. Zweimal die Woche kam ein Bäcker. In seinem DKW-
Universal hatte er Brote auf langen Brettern gestapelt. Kaffeeteilchen lagen in
großen Körben. Auf Vorbestellung lieferte er sogar Torten in runden Aluminium-
behältern.

Der Milchmann bringt's.

Der Metzger transportierte seine Ware einfach auf Frischhaltefolie im Kofferraum, was niemanden störte. Spezielle Verkaufsmobile, wie sie heute wieder über die Dörfer fahren, gab es damals noch nicht. Von einer Kühlung der Wurst im Kofferraum schien der junge Metzger nichts zu halten. Die hygienischen Vorschriften waren in den 60er-Jahren eben noch nicht so streng wie heute. Zugegeben, wir erinnern uns an den etwas penetran-

ten Geruch. So war die Wurst vom Nachbardorf im Sommer längst nicht so frisch wie im Winter. Einige Hausfrauen fragten den jungen Metzger deshalb, ob er seine Ware nicht doch besser kühlen könnte. Aber eigentlich war die Qualität seiner Ware mancher Dorfbewohnerin „wurscht", denn der Metzger war ein ausnehmend attraktiver Mann, der zudem stets größere Limousinen der Marke Opel fuhr, was die Damenwelt schwer beeindruckte. Vom „Kapitän" stieg er später auf den luxuriösen "Admiral" um.

Nicht nur Dosen, auch lose Waren wurde angeboten.

1. bis 3. Lebensjahr

Wörter von damals A – F

Amt war in unseren Kindertagen nicht nur die Bezeichnung für eine Behörde, sondern auch das Wort für eine freie Telefonleitung. Wer in den 50er-Jahren oder den frühen 60ern ein Ferngespräch führen wollte, der musste es zunächst bei der Vermittlung anmelden. Das „Fräulein vom Amt" meldete sich dann, wenn die Leitung geschaltet war. Der sogenannte „Selbstwählferndienst" kam erst Mitte der 60er-Jahre auf.

Bahnsteigkarten waren bis in die 60er Jahre hinein notwendig, wenn man seine Lieben auf den Bahnsteig begleiten oder sie direkt am Zug abholen wollte. Dafür musste man bezahlen. Kontrolliert wurden die Bahnsteigkarten – ebenso wie die Fahrkarten – an der sogenannten „Sperre". Ein Bahnbeamter öffnete den Zugang zum Bahnsteig erst kurz vor oder sogar direkt nach der Einfahrt des Zuges.

Chevy ist die Abkürzung eines französischen Namens. Louis Chevrolet gab dem überdimensionalen Auto von General Motors den Namen. Es war der Inbegriff des luxuriösen amerikanischen Straßenkreuzers.

Dampflock war in unseren Kindertagen die normale Bezeichnung für eine Lokomotive. Diesel- und Elektroloks waren weitaus seltener. Erst in den 70er-Jahren hat die Deutsche Bundesbahn ihren Loks das Rauchen verboten.

Einwecken, „einmachen" oder „einkochen" war eine wichtige Tätigkeit im Haushalt. Stundenlang standen die Hausfrauen vor riesigen Kesseln, um Obst oder Gemüse haltbar zu machen. Entkernte Kirschen und Pflaumen im eigenen Saft füllten sie ebenso in Einmachgläser wie selbst gekochte Marmelade oder Gurken. Mit Gummiringen wurden die Einmachgläser dann abge-

dichtet. Und spätestens im Winter, wenn der Nutzgarten nichts Frisches mehr hergab, ging's ans Eingemachte.

Fräulein nannte man bis in die frühen 70er-Jahre hinein unverheiratete Frauen. Die Lehrerin war nur „das Fräulein" oder „Frollein". Und manche alte Dame bestand noch im hohen Alter darauf, nicht Frau Müller zu sein, sondern Fräulein Müller.

Kleine und große Kinder planschten gemeinsam.

Der tapsige Trabant

Immer länger wurden die Wege, die wir zurücklegten. Immer sicherer wurden unsere Schritte. Und das war gut so, denn die meisten Menschen waren per pedes unterwegs. Als wir geboren wurden, war ein eigener Wagen noch echter Luxus. Die Autos waren klein, rund und tropfenförmig. Doch nur wenige Leute besaßen überhaupt ein eigenes Kraftfahrzeug. Glücklich war schon, wer ein Moped sein Eigen nannte. Der Verkehr war bei Weitem noch nicht so dicht wie heute. Ohne größere Gefahr konnten Kinder auf der Straße spielen. In den Städten stieg man in lange Züge aus kurzen Straßenbahnwagen oder in elektrisch betriebene Oberleitungsbusse ein. Auf den Dörfern roch es nach Schweinestall, Kuhmist und Gülle. Geweckt wurde man durch den Schrei des Hahnes und das frühmorgendliche Läuten der nächsten Kirche.

„Warum?" Dieses Wort dürften wir als Dreijährige wohl sehr häufig benutzt haben. Wissbegierig waren wir und lernfähig. Allem wollten wir auf den Grund gehen. Unsere Selbstständigkeit nahm rasant zu. Das „Töpfchen" aus Emaille vertauschten wir nun mit einem Keramik-Klosett. Doch nach wie vor badeten wir nur einmal die Woche in einer Zinkwanne.

Zählen konnten wir schon bis zehn oder sogar noch ein bisschen weiter. Einen Kindergartenplatz gab es für die meisten dennoch nicht, denn in den Kindergarten gingen damals nur wenige Kinder. Aber daheim gab es auch genug zu entdecken. Viel gesungen wurde seinerzeit, wobei jede Jahreszeit ihre eigenen Lieder kannte. Bilderbücher „lasen" wir auch schon: den gereimten Text zu jeder Zeichnung kannten wir auswendig. Der „Struwwelpeter" und „Max und Moritz" gehörten ebenso zu unserem Repertoire wie andere Geschichten, die heute kein Kind mehr kennt. Aber wir erinnern uns noch sehr gut an die ersten Bücher. Wir waren stolz darauf, dass wir jetzt auch ein eigenes Buch besaßen. Wir legten es abends unter das Kopfkissen, auf dem neben uns der braune Teddy und ein Affe aus Stoff lagen.

Das tragische Ende eines Volksaufstands

Imre Nagy – diesen Namen lernten wir erst etliche Jahre nach dem Tod des ungarischen Politikers kennen und richtig aussprechen. Zwar reichen unsere frühesten Erinnerungen wohl bis in das Jahr 1958 zurück, doch die weltpolitischen Ereignisse jener Tage haben uns seinerzeit noch nicht interessiert. Wir waren aber auch gerade mal ein Jahr alt, als das Drama begann.

Im Oktober 1956 wurde Nagy das zweite Mal zum ungarischen Ministerpräsidenten gewählt. Bereits von 1953 bis 1955 hatte er dieses Amt innegehabt. Dann enthob ihn die Kommunistische Partei all seiner Ämter wegen „Rechtsabweichung". Ein Jahr später rehabilitierte sie ihn jedoch.

Nagy vertrat die Idee eines „nationalen und menschlichen Sozialismus". Ungarn wollte er in eine Parlamentarische Demokratie umwandeln. Am 2. November 1956 kündigte Nagy die Mitgliedschaft im Warschauer Pakt auf und proklamierte die Neutralität Ungarns.

Diese Entscheidung rief die Sowjets auf den Plan. Russische Truppen marschierten in Ungarn ein. Nach blutigen Straßenkämpfen fiel das von Bürgern und Teilen der Armee verteidigte Budapest am 11. November 1956. Der Aufstand in Ungarn brach zusammen.

Entgegen vorheriger Zusagen wurde Nagy, der in der jugoslawischen Vertretung Asyl gesucht hatte, nach Verlassen der Botschaft verhaftet und in Rumänien inhaftiert. Nach einem Verfahren wegen „konterrevolutionären Verhaltens" wurde Nagy zum Tode verurteilt. Im Hof des Zentralgefängnisses von Budapest wurde er am 16. Juni 1958 erhängt.

Erst 1989 wurde er posthum rehabilitiert. Unter starker Anteilnahme der Bevölkerung fand am Jahrestag der Hinrichtung die neuerliche Beisetzung Nagys und seiner Weggefährten statt.

Bruce Willis.

Nina Hagen.

Prominente 55er

18. Jan.	**Kevin Costner**, *Schauspieler*
8. Feb.	**John Grisham**, *amerikanischer Schriftsteller*
24. Feb.	**Steven Jobs**, *Gründer der Computerfirma „Apple"*
27. Feb.	**Rainhard Fendrich**, *österreichischer Sänger*
9. März	**Ornella Muti**, *Schauspielerin*
19. März	**Bruce Willis**, *Schauspieler*
11. März	**Nina Hagen**, *Sängerin*
27. Juni	**Isabelle Adjani**, *Schauspielerin*
30. Aug.	**Helge Schneider**, *Buchautor, Kabarettist und Musiker*
25. Sept.	**Karl-Heinz Rummenigge**, *Fußballspieler*
10. Nov.	**Roland Emmerich**, *Drehbuchautor und Regisseur*
15. Dez.	**Renate Künast,** *Politikerin der Partei Bündnis 90/Die Grünen*

Spielend gelernt

Wenn die Tante erzählt

Neben unserer Mutter waren es die Tanten, wenn vorhanden, die in unserem kleinen Leben eine wichtige Rolle spielten. So gab es eine Groß-tante, die in ihren jungen Jahren als Krankenschwester gearbeitet hatte und unverheiratet geblieben war. Wenn sie nicht gerade in ihren Erinnerungen schwelgte, kümmerte

Chronik

sie sich bei den Familientreffen um die Kinder. Sie unternahm mit uns Wanderungen in den Wald. An einer Quelle experimentierten wir mit Brausepulver aus kleinen Tüten, das wir in die mitgebrachten Emaille-Tassen schütteten und unter den Wasserstrahl hielten. Bei schlechtem Wetter saßen wir vor dem Kohleofen, und sie erzählte uns Märchen von Hans-Christian Andersen und den Brüdern Grimm.

Wir liebten unsere Puppen, Teddys und Steiff-Tiere. Wenn irgendwo ein gläsernes Auge verloren ging oder das Stroh aus dem Bauch herausstach, pflegten wir den kleinen Liebling wie ein krankes Kind. Besonders gern hatten wir den einäugigen Stoff-Hasen. Er sah beinahe genauso aus wie der Hase Cäsar aus der Fernsehsendung „Schlager für Schlappohren".

Auf Spaziergängen über die Felder beobachteten wir die Bauern bei der Ernte. „Lanz Bulldogg" hieß der gusseiserne Traktor, der einen jeden Moment anzuspringen drohte, so sehr wackelte er auf seinen großen Rädern. Bei unseren Spaziergängen sangen wir Fahrten- und Wanderlieder: „Im Frühtau zu Berge wir ziehn." Wenn abends die Nacht über uns hereinbrach, sang die Tante „Der Mond ist aufgegangen".

Selbst gemacht war das Unterhaltungsprogramm in jenen Tagen. Nur einmal im Jahr gab es ein Weih-

nachtsmärchen im Theater. Alles andere inszenierten unsere Eltern und Verwandten. Das Fernsehen sollte erst in den 60er-Jahren wichtig werden. Vor 1960 war die Zuschauerzahl noch sehr gering. Große Kästen mit einem flimmernden Bild in Schwarz-Weiß standen allenfalls in Gaststätten. Das „Pantoffelkino" setzte sich erst später durch.

Spielend lernen

Zum Geburtstag bekamen wir einen Kaufladen. Er hatte viele Schubladen und Regalbretter. Wie ein kleines Tischchen oder Kommödchen konnte man ihn vor sich aufstellen. Die Rückwand der Regale bildeten kleine Scheiben aus Glas.

In der Mitte war eine große Öffnung. Dort konnten andere Kinder von der gegenüberliegenden Seite des Kaufladens hindurchgucken. Stundenlang spielten wir mit diesem Laden aus Holz, zu dem kleine Pappschachteln gehörten. Sie waren bunt bedruckt und genau den Originalverpackungen verschiedener bekannter Markenartikel nachempfunden. Ihr Inhalt waren aber nur ein paar Körner Puffreis. Anders war das mit dem kleinen Maggi-Fläsch-

chen. Das winzige Glasfläschchen sah nicht nur genauso aus wie die Original-Würze, es war auch dasselbe darin. Wir kosteten ein paar Tropfen, und dann tranken wir tagelang das salzige Gebräu mit dem Liebstöckel-Geschmack. Als die beiden Fläschchen aus dem Kaufladen leer waren, bedienten wir uns heimlich bei Mutters Vorrat in der Küche.

Spielgeld gehörte natürlich auch zu unserem Kaufladen. Die Münzen waren aus Blech, die Scheine aus bunt bedrucktem Papier. Spielend lernten wir mit ihrer Hilfe zählen und rechnen. Zunächst hatten alle Produkte im Sortiment den gleichen Preis. Später gab es eine vorsichtige Staffelung zwischen größeren und kleineren Packungen. Maggi war bei uns nun selbstverständlich am teuersten. Ab und zu – meistens bei Geburtstagen – lieferten unsere Eltern neue Waren für den Kaufladen nach.

Von 4711 bis Ata, das waren unsere Marken!

4711 – diese Zahl stand für „Die Welt der Düfte". Den Babypopo pflegte die Mutter mit Nivea-Creme, Penaten-Puder oder Öl. Abgerieben hat sie ihn später mit „Kleenex- Tüchern". Geputzt wurde mit „Meister Propper". Scheuerpulver hieß nur „Ata", wenngleich es später auch „Vis" gab. Gewaschen wurde mit Persil, Sunil oder Omo. Wegen der Werbung für dieses Waschmittel beschimpften wir ungeschickte Kameraden auch als „Omo-Reporter".

Das Fahrrad des großen Bruders trug den anspruchsvollen Namen „Vaterland" und kam aus Neuenrade im Sauerland. Das Kettcar des jüngeren Bruders hatte die Firma Kettler hergestellt. Eine andere Bezeichnung für derartige Tretfahrzeuge als der Markenname existierte nicht.

Wenn wir uns verletzt hatten, wurde „Leukoplast" oder „Hansaplast" auf die Wunde geklebt. Wenn wir Schnupfen hatten, nahmen wir ein Taschentuch aus Textil. Als wir größer waren, leisteten uns „Tempo-Taschentücher" gute Dienste. Dank der „Tempos" musste die Mutter nun auch keine Stofftaschentücher mehr waschen, bügeln und sauber zusammenfalten. Kopfschmerzen bekämpfen viele bis heute mit Aspirin.

Klebstoff hieß bei uns nur „Uhu". Klebestreifen nennen wir immer noch „Tesa" oder „Tesafilm", auch wenn ein ganz anderer Markenname draufsteht.

Das morgendliche Butterbrot trug seinen Namen zu Unrecht. Bestrichen war es mit „Sanella". Wohlhabendere Familien griffen zu „Rama". Nur an Sonntagen oder bei wichtigem Besuch kam „gute Butter" anstelle der Margarine auf das Brot. Dr. Oetker lieferte der Mutter nicht nur Back- oder Puddingpulver, sondern auch andere Nahrungsmittel. Auf denen stand aber nicht immer sein Name drauf.

Der schweizerische Schokoladenfabrikant Tobler brachte dreieckige Riegel mit Nüssen auf den Markt, die er „Toblerone" nannte. Bei Schokolade griffen wir selbstverständlich zu allem, was wir kriegen konnten. „Stollwerck" oder „Sprengel" waren echte Genüsse. Selbst der „Sarotti-Mohr" galt keineswegs als politisch unkorrekt. Später gab es „Ritter-Sport-Schokolade" als den „Genuss der neuen Zeit". Für zwischendurch gab es „Duplo" oder „Hanuta" und wir bissen kräftig in Riegel wie „Mars" oder „Bounty". Die Marken aus unseren Kindertagen begleiten uns oft bis heute.

Und ab geht die Post!

An einem weiteren Geburtstag wurde der Kaufladen „aufgerüstet", es gab nun einen zweiten Schalter, nämlich das Postamt, in dem wir tagelang „arbeiteten". Der Schalter war gelb und mit einem schwarzen Posthorn verziert. Er war aber nicht aus Holz, sondern nur aus starkem Pappkarton. Glasscheiben besaß er auch nicht. Briefumschläge und Briefmarken hingegen gab es in Hülle und Fülle. Es waren sogar Postkarten mitgeliefert worden, die wir mit kurzen Grußtexten beschriften und dann – mit einer Marke versehen – in den Schlitz auf der Rückwand des Schalters werfen konnten. Das Interessanteste für uns Kinder war aber der Stempel. Voller Begeisterung drückten wir ihn wieder und wieder auf das zugehörige Stempelkissen und anschließend auf die Briefumschläge, Postkarten oder auch einfach auf Papier, das irgendjemand zuvor schon beschriftet hatte.

Das Spielgeld war jetzt übrigens aus Plastik, während die Scheine in dicken Bündeln mit Banderolen aus Papier vor uns lagen. Geldgeschäfte gehörten auf der Post damals ebenso dazu wie das Telefon. Deswegen enthielt der Karton mit dem Postamt auch zwei Telefonapparate aus Plastik. Mit denen konnte man aber nicht allzu viel Spannendes spielen. Der Schalterbetrieb war viel interessanter.

Der „Kinder-Arbeit" im Postamt folgte schließlich noch eine reizvolle Beschäftigung in der eigenen Druckerei. Alle verschiedenen Buchstaben und Satzzeichen waren in Spiegelschrift auf kleine Quadrate aus weichem Gummi aufgeprägt. Größere Tafeln aus Plastik enthielten nun mehrere – durch Zwischenstreben getrennte – Reihen, in die man diese Gummis hineinschieben konnte. So entstanden Zeilen mit Sätzen in Spiegelschrift. Mehrere Zeilen untereinander bildeten einen ganzen Textblock.

Drückten wir diese Tafel mit den eingeschobenen Texten auf das mitgelieferte Stempelkissen und danach auf ein leeres Blatt Papier, dann konnten wir den selbst zusammengefügten Text auf seine Richtigkeit hin überprüfen – oder zumindest so tun als ob, denn mehr als unseren eigenen Namen konnten wir ja

doch noch nicht lesen. Trotzdem machte es uns Spaß, die Gummi-Buchstaben aus den Reihen herauszunehmen und anschließend in neuer Zusammensetzung wieder einzufügen. Eine ganze Weile beschäftigte uns dieser Setzkasten. Wir druckten „Dokumente" und „Zeitungen". Selten haben wir mit solcher Begeisterung Texte geschrieben und vervielfältigt. Und selten haben wir die eigenen Texte so kritisch auf Fehler überprüft wie seinerzeit. „Spielend lernen" lautete damals die Devise. Uns hat das alles mächtig Spaß gemacht. Wir waren Kunde, Kaufmann, Postbeamter, Drucker, Schriftsetzer und Zeitungsredakteur. Bei alledem ging zu unserer großen Freude richtig die Post ab!

Wörter von Damals G-M

Galant waren die Herren damals zu den Damen. Sie hielten ihnen die Tür auf, halfen ihnen in den Mantel, gaben ihnen notfalls auch Feuer und vielleicht sogar einen Handkuss. Manchmal folgte dem auch ein Zungenkuss.

Hula Hoop waren Plastikreifen, die man über den Hüften hin- und herschwang. Mit Bewegungen des Beckens musste man verhindern, dass der Reifen zu Boden fiel. Je länger man ihn durch rhythmisches Hin und Her der Hüften in Bewegung hielt, desto besser beherrschte man den neuen Sport. In Deutschland kam er um 1960 in Mode. Schon fünf Jahre später war er fast wieder vergessen, aber manche tun's noch heute.

Igelschnitt oder „Mecki" nannte man in den 60er-Jahren jene modische Kurzhaarfrisur, die mutige Frauen trugen. Damals trauten sich aber fast nur Männer kurz geschoren auf die Straße.

Jeep war ein Markenname der Firma Willis. Im Zweiten Weltkrieg lieferte sie der US-Army unter dieser Bezeichnung Tausende offener Fahrzeuge. So wurde „Jeep" zum Synonym für „Geländewagen". Später erreichten die britische Firma Rover mit ihrem „Land Rover" und Mercedes-Benz mit seinem „Unimog" ähnliche Verbreitung im deutschen Sprachgebrauch. Bei der Vielzahl der Geländefahrzeuge ist das heute nicht mehr so.

Kolonialwaren nannte man in unserer frühen Kindheit die Erzeugnisse aus fernen Ländern. Zu lesen war das Wort bis in die frühen 60er-Jahre noch an Geschäften, die man seit den späten 70ern als „Tante-Emma-Laden" bezeichnen würde.

Langspielplatten waren damals die Quelle des guten Tons. Sie erzeugten Musik ebenso wie die Hörspiele unserer Kindheit. Wenn man diese Platten immer wieder abhörte, wurden sie schließlich so verkratzt, dass kein guter Ton mehr von ihnen kam.

Mannequin nannten sich in den späten 60er- und frühen 70er-Jahren jene Damen, die sich heute als „Model" bezeichnen.

Abseits in Afrika

„Meine Damen und Herren, liebe Neger!"
Mit solchen Ansprachen schockierte
Bundespräsident Heinrich Lübke in den
60er-Jahren die Welt. Dabei ist strittig, ob
er diese Worte tatsächlich gesagt hat.
Fest steht, dass schweißgebadete
Übersetzer ständig bestrebt waren,
solche oder ähnliche Ausrutscher bei
Staatsbesuchen des Präsidenten im
Ausland möglichst unbemerkt zu korrigie-
ren.

Lübke war promovierter Agrarwissen-
schaftler. Eine einsetzende Erkrankung
– nach heutiger Einschätzung vermutlich
Alzheimer – ließ es dem damaligen
Bundeskanzler Konrad Adenauer geraten
erscheinen, den beliebten CDU-Politiker
von seinem Posten als Bundeslandwirt-
schaftsminister abzuberufen. Und
nachdem Adenauer zu dem Schluss
gekommen war, dass das Präsidentenamt
ihm selbst zu wenig Gestaltungsmöglich-
keiten biete, „lobte" er Lübke 1959 dorthin
weg.

Folge dieser Entscheidung war eine
lange Sammlung von präsidialen Patzern,
die nach dem Ende der Amtszeit des
dennoch beliebten Staatsoberhauptes
unter dem Titel „Heinrich Lübke spricht für
Deutschland" sogar auf Schallplatte
erschienen sind.

Inzwischen vergessen sind die bösen
Witze, die damals über den braven
Bundespräsidenten kursierten. Mit seinem
charakteristischen sauerländischen
Einschlag war der Mann aus Neheim-Hüs-
ten ein willkommenes Opfer vieler
Stimmenimitatoren. Doch köstlicher
lachen kann man kaum als über das

Heinrich Lübke (1894–1972) war von
1959–1969 Bundespräsident.

Original. Der britischen Königin Elisabeth
II. raunte er zu Beginn eines Konzerts zu:
„Silence. Equal goes it lose!" Seitdem
nennt man die wortwörtliche Übersetzung
deutscher Redewendungen ins Englische
nur „Lübke-Englisch". Bis heute unvergessen bleibt auch Lübkes Rede zum 17.
Juni in, ja wo denn eigentlich? Natürlich in
Helmstedt, oder wo?

1961-1964

Unbeschwerte Kindertage

„I-Dötzchen"

„I-Dötzchen" nannte man uns. Dagegen klang „ABC-Schütze" fast noch Ehrfurcht einflößend. Wir selbst jedenfalls waren stolz auf unsere neue Tätig-keit: Jeden Morgen gingen wir in die Schule. Zur Feier des ersten Schultags kurz nach Ostern hatte jeder Erstklässler eine große Schultüte erhalten. Darin fanden sich Schokolade und Bonbons, aber auch eine Apfelsine. Mit glänzen-dem goldenen Stanniolpapier war die harte Papptüte umwickelt. Oben war die Tüte mit weißem Papier schmuckvoll zugedeckt. Ein Schleifchen zierte sie dort, wo bald schon der Griff in die Tiefe der Tüte erfolgen würde.

Einen neuen Tornister, der so schön nach frisch poliertem Leder roch, hatten wir fast alle. Ähnlich roch auch das Mäppchen, das in dem Ranzen lag und

Chronik

3. Januar 1961
Die diplomatischen Beziehungen zwischen den USA und Kuba werden abgebrochen.

12. April 1961
Juri Gagarin fliegt als erster Mensch ins All.

17. April 1961
US-Agenten intervenieren in der Schweine-bucht auf Kuba.

13. August 1961
Die DDR beginnt den Bau der Berliner Mauer.

18. März 1962
Die algerische FLN siegt über die französi-sche Kolonialmacht.

5. August 1962
Marilyn Monroe stirbt an einer Überdosis Tabletten.

16. Oktober 1962
Die Kuba-Krise beginnt.

13. April 1962
Die Beatles treten zum ersten Mal im Hamburger „Star-Club" auf. Wegen Qualitätsmängeln lehnt die Firma DECCA einen Schallplattenvertrag ab.

8. August 1963
Beim größten Raubüberfall der Geschichte erbeuten die „Posträuber" unter Ronald Biggs 2,5 Millionen Pfund.

16. Oktober 1963
Ludwig Erhard löst Konrad Adenauer im Amt des Bundeskanzlers ab.

22. November 1963
US-Präsident John F. Kennedy wird ermordet.

25. Februar 1964
Cassius Clay – der spätere Muhammed Ali – wird Boxweltmeister.

18. August 1964
Die erste Ausgabe der Frauenzeitschrift „Petra" erscheint.

22. Oktober 1964
Der Philosoph Jean-Paul Sartre lehnt den Literatur- Nobelpreis als „bürgerlich" ab.

Wer hat mehr?

Bleistifte und Griffel enthielt. Dann steckte in dem Tornister noch die Schiefertafel, auf die wir bald schon schreiben würden.

Ein kleines Schwämmchen besaß eine eigene Dose aus Plastik. Schließlich gab es da noch den hölzernen Kasten mit den kleinen Kugeln auf langen Drahtstangen. Diese Kugeln konnte man hin- und herschieben. Jede der zehn Reihen enthielt zehn Kugeln auf einer solchen Stange. Jeweils die Hälfte davon hatte eine andere Farbe als die Übrigen. Mit diesem „Abakus" sollten wir rechnen

7. bis 10. Lebensjahr

lernen. Beigebracht hat uns das die junge Lehrerin an der Tafel. Zwei Klassen saßen zusammen im Raum und wir „I-Dötzchen" mussten still sein, wenn die größeren Kinder etwas sagten. „Volksschule" nannte man das damals. In manchen Dörfern teilten sich alle Kinder vom ersten bis zum achten Schuljahr einen einzigen Klassenraum.

„Schönschreiben" war eine weitere Disziplin, die wir erlernen mussten und verwendeten dafür ein Heft. Anfangs benutzten wir noch einen Federhalter. Den tunkte man an seiner Spitze in ein Tintenglas, wobei oft etwas zu Boden tropfte oder manchmal das ganze Tintenfass umkippte. Eine Riesensauerei. Wir waren alle erleichtert, als es endlich Patronen-Füller gab! Kugelschreiber hatten wir erst viel später und in der Schule waren die bis zum Abitur verboten. Aber bevor wir überhaupt so weit kommen konnten, flossen noch viel Tinte und Schweiß.

In den Pausen spielten wir bei schönem Wetter auf dem Schulhof. Wenn die Glocke schrillte, mussten wir uns in Zweierreihen aufstellen und hintereinander in den Klassenraum gehen.

An der Wand des Schulzimmers lehnte der hölzerne Zeigestock. Wer sich nicht benommen hatte, der konnte ihn auch schon einmal auf dem Po zu spüren bekommen. Das erste Opfer gab jedem neuen Stock seinen Namen. Die meisten Stöcke hießen „Karli", denn Karli war ein echter Rabauke. Die anderen hingegen waren meistens folgsam und fleißig. In die Schule sind wir zwar nicht immer gern gegangen, aber wir ahnten damals ja auch noch nicht, was danach folgen würde!

Ein Roller namens „Pucky"

Das war wirklich ein schönes Geburtstagsgeschenk! Zum siebten Geburtstag gab es einen neuen Tretroller. Der alte Roller bestand nur aus einem hölzernen Brett, an das vorne die Lenkstange mit einem Rad und hinten zwei Räder angefügt waren. Einfache Blechscheiben mit Gummi rundherum bildeten die Räder. Auch die Lenkstange war nur eine quer gestellte Holzsäule. Der neue Roller wirkte dagegen richtig luxuriös. Helle Ballonreifen mit glitzernden Speichen verhalfen zu viel mehr Fahrkomfort. Das stählerne Brett zwischen den zwei Rädern war mit einem Noppenbelag aus Gummi tritt- und rutschfest gemacht worden. Die Lenkstange war aus chromblitzendem Stahl.

Handgriffe an den Enden der Lenkstange, eine Hand- und eine Fußbremse sowie eine Klingel wie bei jedem Fahrrad erlaubten dem stolzen Besitzer, im Verkehr angemessen auf sich aufmerksam zu machen. Das hintere Schutzblech zierte ein Gepäckträger. Größter Stolz des frisch gebackenen Rollerfahrers war der Wimpel auf dem vorderen Schutzblech. Darauf stand in bunten Buchstaben: „Pucky", der Markenname des neuen Rollers.

Zum Einkaufen ging es fortan nur noch mit unserem neuen Verkehrsmittel. Die Milchkanne hing an der Lenkstange. So rasten wir fast täglich zum Milchmann. Wenn man die Türklinke zum Laden aufdrückte, schepperte oben über der verglasten Holztür eine Glocke. Zwischen halbhohen Regalen hindurch ging man zum Tresen. Hinter der Theke saß in seinem weißen Kittel der freundliche Milchmann. Auf dem Tresen stand eine Pumpe. Die Milchkanne hielt der Kaufmann unter die Öffnung und dann schwenkte er die Pumpe hin und her, bis die Kanne voll war.

Hinaus aus dem Laden und los mit dem Roller ging die wilde Fahrt nach Hause. Frisch und immer noch gekühlt kam das bestellte Getränk wenige Minuten später an. Der große Bruder führte vor, wie er die blecherne Milchkanne an ihrem hölzernen Tragegriff so schnell über seinen Kopf schleuderte, dass nichts herauskam. Ich versuchte das auch. Als das herauskam, gab es mächtigen Ärger.

Nie erfahren haben die Eltern aber Gott sei Dank von unseren Roller-Rallyes. Mit den Rollern rasten wir um die Wette. Wir fuhren einen steilen Berg hinab. Einer stand unten an der Kreuzung und musste ein Zeichen geben, sobald weit und breit kein Auto zu sehen war. So vorsichtig waren wir jedenfalls. Er winkte, und dann fuhren wir los. Viel Verkehr war damals zwar nicht, aber ein paarmal hätte uns dieser Spaß fast das Leben gekostet. Bei den hohen Geschwindigkeiten auf der steilen Straße war eine Bremsung kaum möglich, ohne sich auf das Kreuz zu legen. Und die Karambolage mit einem querenden Auto wäre sicherlich noch gefährlicher geworden. Aber es ist alles gut gegangen. Diese Mutprobe blieb unter uns Kindern, und wir wurden ohne weitere Blessuren älter und vorsichtiger.

Eingemauert

„Niemand hat die Absicht, eine Mauer zu errichten", tönte der DDR-Staatsratsvorsitzende Walter Ulbricht. Doch nur wenige Wochen später rückten die Bautrupps an. Am 13. August 1961 begannen sie mit dem Bau der Berliner Mauer. Die Regierung des „Ersten deutschen Arbeiter- und Bauernstaates" begann, das Volk einzumauern. Hunderte Kilometer Stacheldraht, Minengürtel und Selbstschussanlagen verhinderten, dass die Bürgerinnen und Bürger der Deutschen Demokratischen Republik (DDR) in den Westen gelangen konnten.

Trotz der tödlichen Grenze machten sich aber immer wieder Menschen auf den gefährlichen Weg. 1008 „Republikflüchtlinge" bezahlten diese Entscheidung mit ihrem Leben. Die Regierenden in Ost-Berlin bezeichneten die todbringende Grenze als „Antiimperialistischen Schutzwall". Im Westen sprach man von der „Zonengrenze" oder einfach der „Mauer".

Jahrzehntelang schickten die Westdeutschen Päckchen an „die Brüder und Schwestern in der Zone". Rentnerinnen und Rentner durften später zum Verwand-

DDR-Besucher 1972.

tenbesuch nach Westen ausreisen. Doch den „Werktätigen" blieben nur die trügerischen Bilder des Westfernsehens als Grundlage ihrer Vorstellung vom begüterten Westen.

Groß war schließlich die Freude, als die Mauer am 9. November 1989 zu bröckeln begann. Massen jubelnder Menschen aus Ost und West lagen einander in den Armen. Knatternde Trabis versprühten ihre stinkenden Abgase nun auch im Westen. Diese Grenze hat uns alle geprägt. Ob wir im Westen aufgewachsen sind oder im Osten.

Wir hatten unseren Spaß

An der Hauptstraße zählten wir die vorüberfahrenden Autos. Wir spannten Luftschlangen quer über die Fahrbahn, was die meisten Autofahrer nicht daran hinderte, einfach durchzufahren. Einige lachten, andere aber schimpften böse aus ihrem Auto heraus. Uns war das egal, Hauptsache wir hatten unseren Spaß. Außerdem interessierten wir uns alle für Autos, zumindest wenn wir Jungs waren. Die neuen Autotypen waren viel eckiger als die alten und man fuhr größere Wagen als früher. Das vorherrschende Modell aber war immer

Manchmal spielten Jungs und Mädchen gemeinsam.

noch der Volkswagen. Sein Spitzname „Käfer" setzte sich aber erst in der zweiten Hälfte der 60er-Jahre richtig durch.

Wir Jungen lernten schnell Automarken und -typen voneinander zu unterscheiden. In den Pausen spielten wir auf dem Schulhof Autoquartett. Nachmittags wurde eine ruhigere Straße zum Fußballfeld, unser zweites großes Hobby.

Die Mädchen gefielen sich eher als Prinzessin. Sie spielten „Hüppekästchen" oder „Gummitwist" auf der Straße. Sanftmütigere Jungen durften manchmal mitspielen. Dagegen wurden Mädchen beim Fußball höchstens als Zuschauerinnen geduldet. Bei größeren Kinderfesten gab es Wettbewerbe in Sackhüpfen, Tauziehen, Eierlaufen und Wurstschnappen. Die Fotos machte ein Onkel mit seiner alten Box. Das war ein kleiner dunkler Kasten, in den er von oben hineinblickte, während er die Box vor den Bauch hielt. Die Linse befand sich natürlich auf der vom Körper abgewandten Seite. Wir wussten, wir mussten ganz still dastehen. Dann drückte der Onkel ab. Wichtige Fotos nahm der Fotograf aus dem Nachbarort auf. Er besaß bereits eine moderne Kamera mit großem Blitzlicht und Stativ. Alle Fotos waren in schwarz-weiß. Einige der Bilder besitzen wir heute noch. Aber die meisten Fotos aus unseren Kindertagen sind im Laufe der Jahre leider verloren gegangen.

Der „Alte" hat's geahnt

„Konni" nannten ihn einige liebevoll. Für andere war er nur „der Alte". 14 Jahre lang lenkte er als Kanzler die Geschicke der jungen Bundesrepublik. Am 16. Oktober 1963 trat Konrad Adenauer von seinem Amt zurück und ging mit 87 Jahren in den Ruhestand. Zu seinem Nachfolger wählte der Bundestag den Wirtschaftsprofessor Ludwig Erhard. Der Schwabe galt als „Vater des deutschen Wirtschaftswunders". Doch Adenauer misstraute Erhards Führungsqualitäten. Er hatte sich einen anderen Nachfolger gewünscht.

Allerdings war Erhard nach dem „Alten" aus Rhöndorf zweifellos der beliebteste Politiker Deutschlands. So führte an ihm kaum ein Weg vorbei. Adenauers Befürchtungen erwiesen sich indes als begründet. Zwar wurde Erhard 1965 noch einmal wiedergewählt, doch musste er schon 1966 auf Druck seiner eigenen Partei zurücktreten. Die Ironie des

Schicksals wollte es, dass ausgerechnet eine wirtschaftliche Rezession den „Vater der Sozialen Marktwirtschaft" zum Rücktritt zwang. Sein Nachfolger Kurt-Georg Kiesinger führte fortan eine „Große Koalition" zwischen CDU/CSU und SPD.

All das musste Adenauer noch miterleben, bevor er am 19. April 1967 im biblischen Alter von 91 Jahren starb. Die ganze Republik trauerte und mit ihr Staatsoberhäupter aus aller Welt. Die Abkürzung „USA" benutzten einige nun für „Unser süßer Adenauer".

„Deo"

Egal ob wir sie mochten oder nicht, die Musik, die wir als Kinder hörten, die Lieder und Texte können wir bis heute abrufen, ein kleiner Hinweis genügt. „Deo!", rief Harry Belafonte. Und er wiederholte seinen Ruf noch einmal. Damit verlangte er jedoch nicht nach einem Körperpflegemittel, sondern Day-O in seinem „Banana Boat Song". Der 1927 geborene Sänger und Schauspieler wurde zum „King of Calypso". Harry Belafonte sang nicht nur und war ein begnadeter Entertainer, er engagierte sich in der schwarzen Bürgerrechtsbewegung und gehörte später zu den Aktivisten der Friedens- und Anti-Atomkraft-Bewegung. Weltstars waren neben ihm auch Frank Sinatra und Al Martino.

7. bis 10. Lebensjahr

Elvis Presley haben wir als Kinder kaum mitbekommen, war doch dessen Musik wenig geeignet für die Ohren der Eltern, Onkel und Tanten. Die hörten sich lieber Anneliese Rothenberger und Rudolf Schock an. Dessen Name passte unserer Meinung nach für das, was er uns zu bieten hatte! Kaum größere Begeisterungsstürme lösten Caterina Valente und ihr Bruder Sylvio Francesco aus, zumal sie Mitte der 60er-Jahre in fast keiner Fernsehsendung fehlten.

Italien war das Ziel der ersten Auslandsreisen. Wer sie sich nicht leisten konnte, träumte davon bei vermeintlich italienischer Musik. Darauf setzte Rudi Schuricke der die Deutschen zu den „Capri-Fischern" entführte. Billy Mo wählte einen anderen Weg, der kaufte sich „lieber einen Tirolerhut". Gus Backus stopfte sich „Bohnen in die Ohren". Und „Da sprach der alte Häuptling der Indianer: Wild ist der Westen, schwer ist der Beruf. Uff!"

Nicht weniger witzig war Bill Ramsey mit seiner „Zuckerpuppe aus der Bauchtanz-truppe". Er wusste: „Ohne Krimi geht die Mimi nie ins Bett". Der heute ebenfalls legendäre Chris Howland wurde später im „Studio B" unser „Heinrich Pumpernickel". Bis kurz vor seinem Tod am 29. November 2013 war er regelmäßig im Radio zu hören.

Schmalzig ging es meist bei Peter Alexander zu, der aber auch komisches Talent besaß. In Kinofilmen inszenierte er als „Graf Bobby" Verwechslungs-Komödien mit viel Klamauk.

„Da sprach der alte Häuptling der Indianer …"

Einer der Stars der frühen 60er-Jahre war Freddy. Legenden rankten sich um seine Lebensgeschichte. Beim Zirkus sei er gewesen, zur See gefahren und überhaupt – er war ein richtiger, harter Mann! Das faszinierte uns, gleich ob Junge oder Mädchen. Dazu passte der Nachname, den man später für ihn erfand: „Quinn". Dass dieser Freddy eigentlich Manfred Nidl hieß und aus Österreich stammte, das hielten er und seine Schallplatten- Produzenten jahrelang erfolgreich geheim. Die Stars und Sternchen jener Zeit waren uns allen vertraut wie guter Bekannte.

Weihnachten war das wichtigste Fest überhaupt.

Jährliche Höhepunkte

Die Weihnachtsfeier im Verein unserer Eltern war einer der Höhepunkte des Jahres. Wir zogen unsere Sonntagskleidung an und machten uns mit den Eltern auf den Weg in den großen Saal. Wenn wir dort ankamen, war es meist noch ziemlich kalt. Mühsam versuchte ein Kanonenofen den großen, holzgetäfelten Raum aufzuwärmen. Bis zum Ende der Feier war das dann – nicht zuletzt dank der Körperwärme von mehr als 100 Anwesenden – geglückt.

Die Kälte zu Beginn der Feier passte indes zum Rahmen: Voller Ungeduld warteten kleine und große Kinder auf den Weihnachtsmann. Er sollte jedem ein papiernes Tütchen mit Leckereien wie Dominosteinen, Spekulatius, Schokolade, Äpfeln und Mandarinen bringen. Aber erst kam das Weihnachtsmärchen, bei dem auch einige von uns mitspielen durften, die vor Aufregung kaum ein noch aus wussten. Nach gefühlt ewig langer Zeit und viel zu vielen Weihnachtsliedern betrat der Weihnachtsmann schließlich den festlich geschmückten Saal. Zwei Engelchen begleiteten ihn. Die Flügel auf ihrem Rücken waren

7. bis 10. Lebensjahr

aus Pappe; doch die Kerzen am Weihnachtsbaum waren aus echtem Wachs. Der Duft von Nüssen und Spekulatius stach uns in die Nase.

Voller Vorfreude, aber auch ein wenig furchtsam, warteten wir auf die Bescherung. Jedes Kind musste vortreten und ein Weihnachtsgedicht aufsagen: „Von drauß' vom Walde komm ich her" oder „Denkt euch, ich habe das Christkind gesehen".

Die Augsburger Puppenkiste war und ist Kult.

Der gestiefelte Kater

Schon damals waren sie Kult: Die Fernsehauftritte der „Augsburger Puppenkiste". Die liebevoll zum Leben erweckten Marionetten der Familie Oehmichen begeisterten Groß und Klein. Jedes Jahr zur Vorweihnachtszeit stellte der Hessische Rundfunk uns andere Helden vor. 1964 eroberte ein neuer Liebling unsere Herzen: Kater Mikesch! Der sprechende Kater in Menschenkleidern flimmerte am 22. November 1964 zum ersten Mal über bundesdeutsche Bildschirme. Die von Otfried Preußler, dem Vater der „kleinen Hexe" und vieler anderer Kinderbücher ins deutsche übertragene Geschichte von Josef Lada war einfach goldig. Mit Mikesch konnten wir uns identifizieren.

Außerdem waren da noch das lispelnde Kätzchen „Maunzerle", der meckernde Ziegenbock „Bobesch" und das grunzende Schwein „Paschik" sowie der boshafte Lausejunge „Tondra". Und nicht zu vergessen Peppik. Wir lachten, wenn Bobesch den frechen Tondra wieder einmal auf die Hörner nahm und in den Dorfteich warf. Und wir staunten nicht schlecht, als Mikesch ein krachendes und zischendes Motorrad bestieg und damit in einer Qualmwolke davonfuhr.

Aber auch „Jim Knopf und Lukas, der Lokomotivführer" von Michael Ende mit ihrer guten „Emma" oder „Der Löwe ist los" von Max Kruse waren seinerzeit echte Quotenbringer, wenngleich das Fernsehen derartige Erhebungen damals noch nicht kannte. „Bill Bo" oder das „Urmel aus dem Eis" wie später auch „Eine Woche voller Samstage" von Paul Maar oder „Geliebter Herr Teufel" von Christine Nöstlinger begeisterten nicht nur das junge Publikum. Die wahrhaft märchenhaften Verfilmungen mit der Augsburger Puppenkiste kann man heute glücklicherweise auf DVD kaufen. So können wir sie unseren Kindern oder Enkeln auch zeigen. Es wäre schließlich sehr schade, wenn sie diese netten Fernseh-Stars nicht kennenlernen könnten.

Wiking-Auto und Barbie-Puppe

Seit 1964 eroberte „Barbie" die deutschen Mädchenherzen. „Barbie" war ganz anders als alle Puppen vor ihr. Modebewusst war sie und schick, ein winziges Mannequin aus Kunststoff. Ihre einheimische Konkurrentin „Petra" konnte nie wirklich ein Plastik-Bein auf den bundesdeutschen Boden bringen. Für „Barbie" gab es einfach alles: Schöne Kleider, Schühchen, Accessoires und sogar einen Mann. Stundenlang konnten kleine

Mädchen ihre Barbie-Puppe kämmen, frisieren, an- oder ausziehen. Dagegen war die Käthe-Kruse-Puppe nur langweilig. Die konnte man höchstens in den Arm nehmen und wiegen. Dabei schloss sie nicht einmal ihre Augen!

Während sich die Mädchen von Strohpuppen allmählich auf die Barbie-Puppen verlegten, erhielten die Jungs zu Weihnachten und zu ihren Geburtstagen nun eher technisches Spielzeug. Hoch im Wert standen Wiking-Autos. Sie passten zur Modelleisenbahn im Maßstab H0,

Es mussten nicht immer Puppen sein.

Legosteine waren der Hit.

die auf einer Spanplatte ihre Runden drehte. Fleischmann, Trix oder Märklin –
die Entscheidung fiel schwer. Die Gleise von Märklin waren aus Blech und
hatten ein angedeutetes Schotterbett, die von Trix waren aus Kunststoff. Nur
Fleischmann verzichtete auf die – nicht vorbildgerechte – Mittelschiene zur
Stromübertragung.

Uns brachten die Jahre ständig mehr Waggons, Lokomotiven und Häuschen
für die wachsende Eisenbahn-Anlage. Eine Faller-Autostraße und der Eheim-
Obus kamen hinzu.

So hatten wir genug zu basteln. Häuser und Kirchen, Autos und Schiffe,
Eisenbahnen und viele andere schöne Dinge entstanden unter unseren Hän-
den aus den kleinen Plastik-Bausteinen. Der eifrigste Legokonstrukteur und
Modelleisenbahnbauer indes war unser Vater. Meist spielte er nachts, während
die Kinder schliefen.

Aber wir konnten auch anders und spielten mit und in unserer Fantasie, ganz
ohne Spielzeug. Das Märchenschloss wurde kurzerhand mit Kreide auf den
Teer aufgemalt, die Garben auf dem Kornfeld zu Iglus umdefiniert. Das alles
hat mächtig Spaß gemacht. Langweilige und unangenehme Momente, soweit
es die überhaupt gegeben haben sollte, haben wir zwischenzeitlich einfach
vergessen.

Ein Präsident wird erschossen

Die ganze Welt hielt den Atem an, auch wir, obwohl wir erst sieben oder acht Jahre alt waren. Wir spürten die große Erschütterung der Erwachsenen, sahen Menschen weinen. Es musste etwas Furchtbares geschehen sein. Inzwischen gab es in vielen Familien ein Fernsehgerät und wir saßen stundenlang davor und wollten es kaum glauben: US-Präsident John Fitzgerald Kennedy war am 22.11.1963 ermordet worden.

Der sympathische junge Politiker hatte mit seinem Satz „Ich bin ein Berliner!" die Herzen der Menschen erobert. Er hatte 1963 die geteilte Stadt inmitten der feindlichen DDR besucht und den Menschen dort Mut gemacht. Er kam als Freund und als Bewunderer des Berliner Überlebenswillens. 1948 und 1949 hatten amerikanische, französische und britische Flugzeuge die Stadt auf dem Luftweg mit allem Lebensnotwendigen versorgen müssen, weil die Transitwege abgeriegelt worden waren. „Rosinenbomber" nannten die Berliner diese fliegenden Nachschubtransporte liebevoll. Dafür waren sie vor allem den Amerikanern dankbar. Kennedy kam also als Freund.

Kennedy war ein attraktiver und tatkräftiger Mann, von seinen Abgründen und Qualen ahnten wir nichts. Und dann war da noch seine schöne Frau Jackie. Ein wundervolles Paar. Dass John F. Kennedy Verhältnisse mit anderen Frauen hatte, wussten wir damals freilich noch nicht. Noch weniger ahnten wir etwas von seiner Liaison mit der Sex-Ikone Marilyn Monroe.

Wir hatten von Politik keine Ahnung, aber wir wussten, dass unsere Eltern „JFK" als sympathischen Hoffnungsträger verehrten. Umso mehr schockte uns sein Tod. Kaum jemand in Deutschland – und wohl auch in den meisten anderen Ländern – war nicht entsetzt über das Attentat. Wir alle litten mit der jungen Witwe und den kleinen Kindern des Präsidenten. Bis heute hören wir unterschiedliche und immer wieder neue Versionen, auf welche Weise Kennedy ermordet wurde und wer dafür verantwortlich sein soll. Manches davon mag nach Verschwörungstheorie klingen, aber oft ist ja die Wahrheit viel unglaublicher als jede Erfindung.

Bewegte
Zeiten

Eigentlich waren wir noch ganz brav.

Die erste Trennung

Bisher waren wir alle zusammen in einer Klasse, doch nun sollten sich unsere Wege trennen. Einige durften aufs Gymnasium, andere auf die Realschule, und der Rest blieb in der Volksschule. Der Weg zu höherer Bildung war

Chronik

20. August 1965
Ende des ersten Frankfurter Auschwitz-Prozesses.

19. September 1965
Bei der Bundestagswahl gewinnt die CDU. Ludwig Erhard bleibt Bundeskanzler.

16. Mai 1966
Mao Tse Tung ruft in China die Kulturrevolution aus.

7. Juli 1966
Die Fußball-Weltmeisterschaft wird im Londoner Wembley-Stadion eröffnet.

30. Juli 1966
Beim Endspiel der Fußball-WM gewinnt England gegen Deutschland mit 4:2.

1. Dezember 1966
Kurt Georg Kiesinger wird zum Bundeskanzler gewählt.

5. April 1967
Konrad Adenauer stirbt im Alter von 91 Jahren.

21. April 1967
Faschistische Militärs putschen in Griechenland.

2. Juni 1967
Benno Ohnesorg wird bei einer Demonstration in Berlin von einem Polizisten erschossen.

3. Dezember 1967
Christiaan Barnard führt in Südafrika die erste erfolgreiche Herztransplantation durch.

1. März 1968
Die US-Truppen begehen im vietnamesischen Dorf Mi Lai ein Massaker mit schwerwiegenden Folgen.

4. April 1968
Martin Luther King wird in Memphis erschossen.

30. Mai 1968
Der deutsche Bundestag beschließt mit verfassungsändernder Mehrheit die Notstandsgesetze.

21. August 1968
Truppen des Warschauer Paktes marschieren in die Tschechoslowakei ein.

anstrengend. Anstrengender und weiter war auch der Weg in die neue Schule. Einige bewältigten ihn zu Fuß, viele mit dem Fahrrad und manche sogar im Bus. Aus allen umliegenden Dörfern kamen Kinder in das Gymnasium. Ihre Herkunft konnte man an ihrem Dialekt erkennen. Jedes Dorf klang ein klein wenig anders als das nächste. Je ländlicher die Gegend war, desto mehr rollten die Leute dort das „R". Auch in der Kleidung unterschieden sich die Dorfkinder von denen aus der Stadt. Die Jungen vom Lande trugen oft dreiviertellange Lederhosen und im Sommer kurze. Die Sprösslinge vornehmerer Familien hatten meist Bleyle-Hosen an.

Die Mädchen trugen Kleider und Kniestrümpfe. Ihr Haar war zu Zöpfen geflochten. Auch Wollstrumpfhosen waren sehr verbreitet sowohl bei Mädchen als auch bei Jungs. Solche Beobachtungen lehrten uns, Mitmenschen nach Herkunft und sozialem Stand zu unterscheiden.

Neu für uns war auch, dass wir es nun mit mehreren Lehrern zu tun hatten. Es gab viel mehr Fächer, manche hießen jetzt einfach anders. Die Beschäftigung mit Zahlen nannten wir nicht mehr „Rechnen", sondern „Mathematik". Dafür quälten uns die Lehrer mit dem kleinen und dem großen Einmaleins, Geometrie und Algebra oder noch viel abgedrehteren Foltermethoden.

11. bis 14. Lebensjahr

Wörter von Damals N-Z

Nähmaschinen standen fast in jedem Haushalt. Viele Frauen fertigten damit die Kleidung für ihre Familie selber an. Andere reparierten nur offene Nähte oder Löcher. Angetrieben wurden die sausenden Nadeln durch ein Brett, das mit den Füßen hin- und hergewippt wurde. In den 60er-Jahren kamen elektrische Nähmaschinen auf. Ihnen folgten in den 70ern die Änderungsschneidereien, die in den 80ern „Mister Minit" weichen mussten.

„**Obus**" nannte man den elektrisch betriebenen Linienbus. Er fuhr bis in die frühen 70er-Jahre in vielen deutschen Städten nahezu geräusch- und völlig gestanklos. Doch die Nutzfahrzeugindustrie wollte lieber Großserien ihrer Dieselbusse verkaufen. So wurden die Drähte über den Straßen fast überall abmontiert.

Wir erinnern uns? Ein Telefon mit Wählscheibe.

Postamt war das Gebäude, in dem man Telefonanschlüsse bestellte und Briefe oder Päckchen aufgab. Hinter dem Tresen saßen korrekte Beamte.

Quietschfidel nannte man damals Leute, die einfach „gut drauf" oder „supercool" waren.

Rollschuhe nennt man heute „Rollerskates". Die neuen Geräte sind aus Kunststoff, während die guten alten Rollschuhe aus schwerem Metall waren. Aber böse stürzen konnte man damals wie heute.

Straßenfeger waren keine städtischen Arbeiter, sondern Fernsehfilme. Im Ersten Programm der ARD oder beim ZDF erreichten Fernsehkrimis von Francis Durbridge oder Edgar Wallace so viele Zuschauer, dass die Straßen sichtbar leerer wurden.

Tanztee war eine Veranstaltung für Damen und Herren, die Kontakt suchten. Meist fand das in einem feineren Café statt. Vornehm ging es dabei zu und gediegen. Die Disko erfüllt heute ähnliche Aufgaben. Allerdings kann man dort seiner neuen Bekanntschaft in der Regel nicht so gut zuhören.

Unterhaltung hieß früher nicht nur eine Sparte beim Fernsehsender, sondern auch das Gespräch zwischen zwei Menschen. Böse Zungen behaupten, diese Art von Unterhaltung sei inzwischen aus der Mode gekommen. Wir sollten uns mal darüber unterhalten, ob das stimmt.

Vorratskammer war der kühle Raum neben der Küche oder im Keller. Hier wurde das Eingemachte eingelagert, aber auch Dosen und Dauerwürste sowie alle anderen Nahrungsmittel, die sich ohne intensive Kühlung länger lagern ließen. Kühltruhen gab es damals noch nicht allzu häufig. Zwei Weltkriege, die viele noch selbst miterlebt hatten, haben die Generation unserer Eltern und Großeltern sehr einsichtig gemacht für die Notwendigkeit einer umfangreichen Vorratshaltung.

Wählscheibe war das runde Teil vorne auf dem Telefon, mit dem man die Nummer des gewünschten Anschlusses bestimmte. Die Scheibe besaß zehn Löcher mit den Ziffern 1 bis 9 und 0. In eines dieser Löcher steckte man den Finger und zog die Scheibe damit bis zu dem Steg, der rechts neben der 1 quer über die Wählscheibe ragte. Dann ließ man die Scheibe zurückdrehen in ihre Ausgangsposition. Knackend zählte sie die Zahl der übersprungenen Relais' und übermittelte sie durch die Leitung an die Telefonzentrale. Als Ende der 70er-Jahre die leicht bedienbaren Tastentelefone aufkamen, verschwand die Wählscheibe vom Telefon und bald auch aus unserem Sprachgebrauch.

Xanthippe war nicht nur die Ehefrau des griechischen Philosophen Sokrates, sondern auch das Schimpfwort für ein zänkisches Eheweib. Seit Alice Schwarzer ist dieses Wort politisch inkorrekt und ebenso verschwunden wie ein Teil ihrer Einnahmen auf einem Schweizer Bankkonto.

Yeah mit doppelter Wiederholung war der gesungene Freudenruf der Beatles über eine neue Liebe. Gepresst war er auf eine Platte aus Vinyl, platt waren die Texte der „Fab Four" aus Liverpool aber keineswegs.

Zone nannten die meisten Menschen im Westen bis in die 80er-Jahre hinein die Deutsche Demokratische Republik (DDR). Oft wurde auch noch das Präfix „Ost" vor dieses Wort gehängt. „Die Brüder und Schwestern in der Zone" versorgte man zu Weihnachten oder anderen Gelegenheiten großzügig mit Päckchen. Bohnenkaffee war ein beliebter Inhalt dieser Sendungen. Dabei faselten alle von der „Wiedervereinigung". Geglaubt haben die meisten daran aber nicht die Bohne.

Postbeamte! Das waren noch Zeiten.

11. bis 14. Lebensjahr

Auf engem Raum

Bis Ende der 50er-Jahre waren die Wohnverhältnisse beengt. Die Kinder schliefen zusammen in einem Zimmer. Häufig übernachteten die Eltern auf dem Sofa im
Wohnzimmer. Diese Sofas waren so robust, dass sie – dank zweier Aufpolsterun-
gen und mehrerer neuer Überzüge – gut 50 Jahre lang gehalten haben. Geheizt
wurde hauptsächlich mit Briketts, Kohlen und Koks, die der Brennstoffhändler im
Dorf mit einem Pferdefuhrwerk anlieferte. In den Häusern gab es statt einer
Zentralheizung oft einen Kachelofen in der Mitte des Hauses. Der Kamin beheizte
locker mehrere Stockwerke, wenn jeder Raum des Hauses ihn direkt berührte.
Befeuert wurde er vom Esszimmer aus.

Von wegen Katzentisch. Wir
waren ganz froh, wenn wir bei
Familienfeiern unter uns blieben.

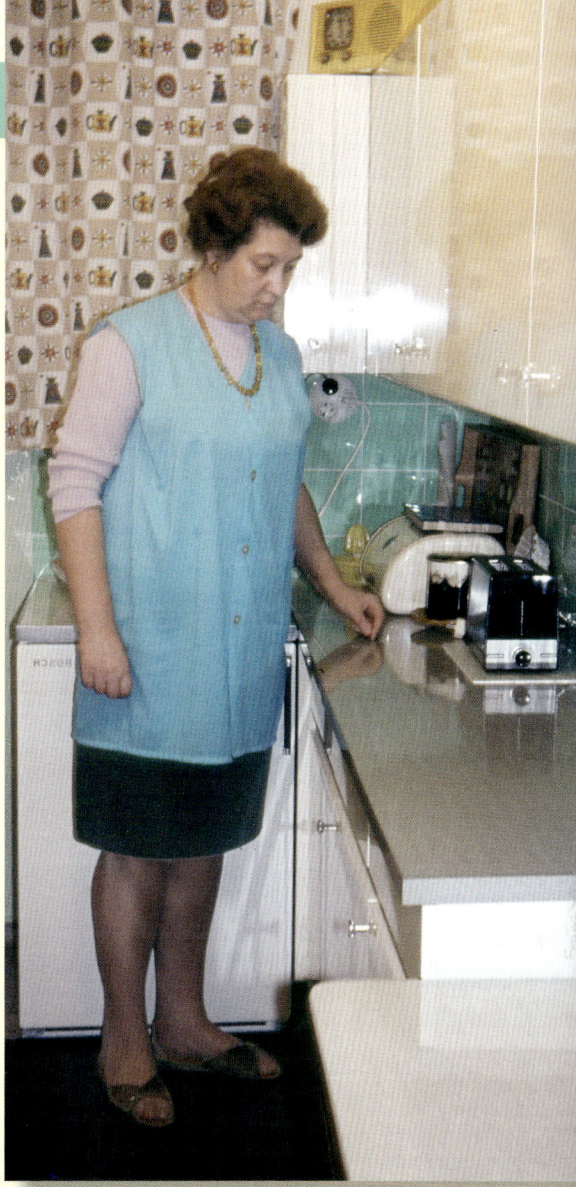

Typisch 60er-Jahre: Die Küche.

Anfang der 60er-Jahre nahm die Kinderzahl zu. Schließlich bezogen wir ein eigenes Haus, natürlich mit Garten. Weil jeder von uns ein eigenes Zimmer erhielt, waren wir überglücklich – auch wenn es nur ein ausgebauter Kellerraum oder das Dachbodenzimmer war. Egal – Hauptsache wir mussten das Zimmer nicht mehr mit der blöden großen Schwester oder dem nervigen kleinen Bruder teilen.

Die Häuser und Wohnungen wurden komfortabler. Fließendes warmes Wasser und ein Klosett direkt in der Wohnung waren in Neubauten selbstverständlich. Manchem von uns wird heute ganz anders ums Herz, wenn er in einer Altbauwohnung das stille Örtchen aufsucht und dort die Wasserspülung betätigt, indem er an einem hölzernen Griff zieht, der an einer langen metallenen Kette baumelt. Dann erinnerte er sich vielleicht auch an das Zeitungspapier, das wir in unserer Kindheit benutzt haben …

Bis in die 60er-Jahre waren Duschen nicht selbstverständlich. Wer duschen wollte, stieg in die Badewanne und nahm die Brause. Dabei ließ es sich aber kaum vermeiden, dass wir das ganze Badezimmer unter Wasser setzten. Im Keller gab es meistens noch eine Waschküche. Später wurde sie zum Hobbykeller umgewandelt, und wir bauten unsere Eisenbahnanlage darin auf. Das Eingemachte aber bewahrte die Mutter nach wie vor in einem Vorratskeller auf.

Die Unterschiede in der Wohnqualität waren immens. Wenn so ein Stadtkind seine Verwandten auf dem Dorf besuchte, konnte es passieren, dass es auch noch Mitte der 60er-Jahre über den Hof zur unbeheizten und zugigen Toilette gehen musste. Natürlich verfügte das kleine hölzerne Häuschen mit dem Herzen in der Tür über keinerlei Wasserspülung. Alle paar Monate kam ein großer Tankwagen mit einem dicken Schlauch zur „Grubenentleerung". Danach war unter dem Plumpsklo wieder Platz für das nächste Geschäft.

Eine Reifeprüfung, doch noch nicht für uns

Die Reifeprüfung stand 1967 für uns noch nicht an und den gleichnamigen Film dürften die meisten von uns erst später gesehen haben. Dustin Hoffman spielte darin einen Schulabgänger, der eine Beziehung zu einer verheirateten Frau unterhält. Als er sich in ihre Tochter verliebt, gibt es Komplikationen. Für Zwölfjährige war diese Geschichte wohl eher ungeeignet; doch die Musik zu diesem Film hat uns schon 1967 begeistert. Simon and Garfunkel sangen „Mrs Robinson" und vor allem den wunderschönen Song „The Sound of Silence".

„Help!" Dieser Hilferuf der Beatles klang noch in unseren Ohren. Beinahe waren wir versucht, um Hilfe zu schreien, als uns 1967 die Nachricht vom Tod Brian Epsteins erreichte. Mit dem Manager der „Fab Four" ging der Mann von uns, der den Zusammenhalt der Liverpooler Band garantiert hatte.

Musik war Weltanschauung. Unsere Weltanschauung war Protest. Wogegen wir protestierten, wussten wir gar nicht so genau. Beatles oder Stones? lautete die Frage, die damals die Jugend in zwei – verfeindete – Lager spaltete. Die Fans der gut gestylten Pilzköpfe wurden von ihren Kritikern als „angepasst", „ordentlich" und „brav" abqualifiziert. Dabei verstanden sie sich selbst als geradezu revolutionär! Doch diesen Ruf reklamierten die Anhänger der „Rolling Stones" für sich. Ihre Musik war die wahre Attacke auf die geschniegelten und gestriegelten Spießer. Für deren Ohren war es unglaublich obszön, wenn Mick Jagger sang: „I can't get no satisfaction".

Waren einigen von uns die Stones zu laut und unmelodisch, so wandten unsere Eltern diese Kritik auch auf die Beatles an. „Ihr Friseur hat sich wohl den Arm gebrochen?", imitierte Hanns-Dieter Hüsch damals den Dialog zwischen Alt und Jung. „Mit der Heckenschere sollte man ...!"

In der Schule fanden wenigstens die Beatles Gnade vor dem Urteil einiger Lehrer. Der Musiklehrer spielte ihre Songs auf dem Piano nach und forderte

Die Lieder des amerikanischen Duos sind legendär.

11. bis 14. Lebensjahr

Rolling Stones oder Beatles?
Darüber ließ sich trefflich streiten.

uns auf, ihm nachzueifern. Die Englischlehrerin ließ uns Texte von John Lennon und Paul McCartney übersetzen und verglich sie mit William Shakespeares Sonetten. In dieser Stunde hingen wir ausnahmsweise mal an ihren Lippen. Mit „Michelle" lernten wir sogar Französisch, obwohl das in der Schule noch gar nicht dran war. Aber die Begeisterung für unsere Lieblingsband kannte fast keine Grenzen. Von unserem Taschengeld kauften wir alle Platten, die neu herauskamen.

Andere Bands konnten den Kultstatus der Beatles und der Stones kaum erreichen. Doch die Erinnerung an den ersten Tanz zu Donovans „Atlantis" oder Bob Dylans Interpretation von Pete Seegers „Turn turn" und sein Anti-Kriegs-Lied „Blowing in the wind" bleiben. Und natürlich bleibt auch der Song von Muddy Waters, der einer Band zu ihrem Namen verholfen hatte: „I'm a rollin' stone".

Wembley 1966 und wir fieberten mit.

Das Tor von Wembley

„Tor, Tor!" geschrien haben die meisten von uns in ihrem Leben bestimmt schon öfter. Für viele ist Fußball wohl die wichtigste Nebensache der Welt. Doch das erste Mal bei einer Fußball-Weltmeisterschaft richtig mitgefiebert hat unser Jahrgang 1966.

Der „World Cup 66" zog die sportbegeisterten Menschen zwischen dem 7. und dem 30. Juli vor die Fernsehgeräte. Den Weltmeister-Titel haben damals die gastgebenden Briten errungen. Zwei zu vier lautete das Ergebnis des Endspiels im Wembley-Stadion. Das 3:2 des Engländers Geoff Hurst allerdings ist bis heute umstritten. Ungeklärt ist, ob der Ball nach dem Schuss von Hurst an die Unterkante der Latte mit vollem Durch-

messer hinter der Torlinie aufsprang. Der sowjetische Linienrichter Tofik Bachramow hatte den Ball hinter der Linie gesehen.

Für die deutschen Fußballer hat es also nur zum Vize-Weltmeister gereicht. Doch die bundesdeutsche Fußball-Nationalmannschaft hatte sich wacker geschlagen. Trotz dieser unglücklichen Niederlage sind Spieler wie Sepp Maier und Hans Tilkowski im Tor, Franz Beckenbauer, Horst-Dieter Höttges, Karl-Heinz Schnellinger, Willi Schulz, Klaus- Dieter Sieloff und Wolfgang Weber in der Abwehr, Helmut Haller und Wolfgang Overath im Mittelfeld sowie Lothar Emmerich, Jürgen Grabowski, Siegfried Held und Uwe Seeler im Sturm seither unvergessen geblieben.

Unsere älteren Geschwister spielten gern Skat und wir lernten es von ihnen.

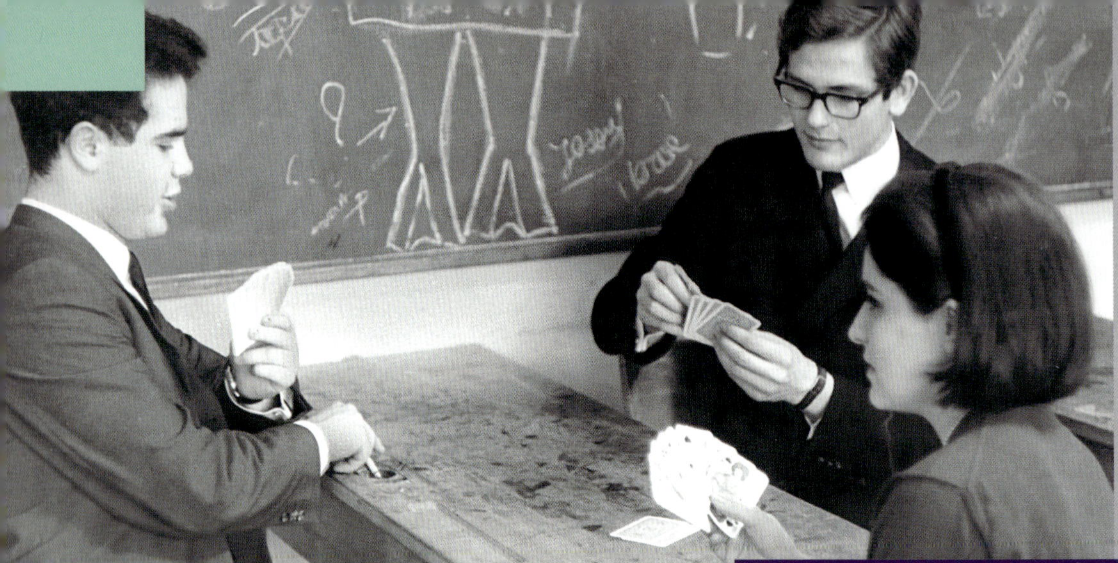

Karten, Brett und Spiele

Auf dem Wohnzimmerschrank stand ein großer Karton. An verregneten Nachmittagen oder kalten Herbst- und Winterabenden holten wir ihn herunter und die Gesellschaftsspiele heraus. Stundenlang saßen wir um den großen Tisch herum. „Mensch, ärgere dich nicht!“, „Mühle“ und „Dame“ oder „Halma“ holten wir aus diesem Karton hervor. Auch „Monopoly“ war darin verstaut.

Später bevorzugten wir die neuen Spiele, die viel bunter und einfallsreicher waren. Beim „Ölspiel“ erwarben wir Bohrlizenzen und verkauften das schwarze Gold. Beim „Börsenspiel“ wurden wir zu kleinen Spekulanten. Berühmte Kunstwerke lernten wir bei einem Spiel kennen, bei dem Ausstellungen recht häufig erst durch vorherige „Diebstähle“ zustande kamen. Viele Nachmittage und Abende saßen wir beim Spiel zusammen. Wenn wir ein neues Spiel zum Geburtstag geschenkt bekommen hatten, dann wurde es mitunter wochenlang zur wichtigsten Freizeitbeschäftigung der ganzen Familie.

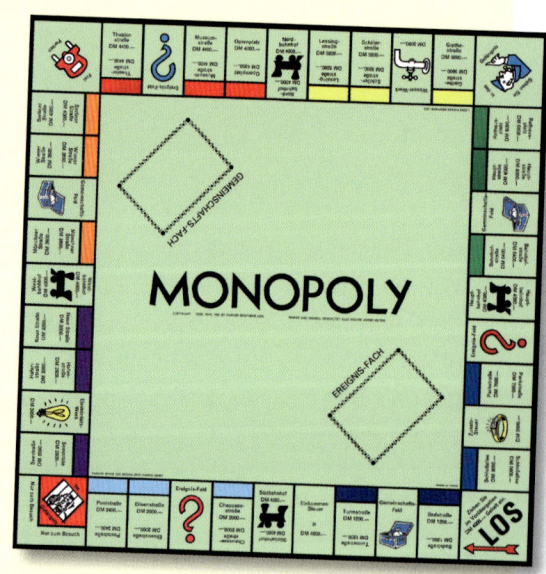

Auf dem Pausenhof in der Schule spielten wir Karten. Auto-Quartette waren dabei der große Renner. Wir übertrumpften einander in Pferdestärken, Kubikzentimetern oder Stundenkilometern. Beim Baujahr war das älteste Auto jedoch das Beste. Viele Spiele entstanden indes nicht in Ravensburg oder Altenfeld, sondern in unserem eigenen Kopf. Fantasie war die beste Waffe gegen Langeweile.

Kirmes

Beim Autoscooter gab es wilde Jugendliche oder Erwachsene, die absichtlich allen anderen in die Flanke fuhren. Dabei gaben wir uns doch so viel Mühe, jedem entgegenkommenden Scooter auszuweichen! In die Raupenbahn stiegen eher die älteren Kinder und Jugendlichen. Meist setzten sich je ein Junge und ein Mädchen in eine Gondel hinein. Wenn die Raupe Tempo bekommen hatte, schloss sich das grüne Dach. Dann hörte man schrille Mädchenstimmen quietschen. Sekunden später ging das Dach wieder hoch und die Raupe rollte aus. Beim Aussteigen wischte sich ein Junge himbeerroten Lippenstift von der Wange. Ihm schien das peinlich zu sein. Aber andere Altersgenossen warfen ihm verstohlen neidische Blicke zu. Die größeren Jungs und Mädchen gingen auch gemeinsam an die Schießbude. Da schossen die Typen ihrer „Ische" einen Teddy oder ein Lebkuchenherz. Die meisten von uns versuchten ihr Glück eher an der Losbude. Oder wir kauften ein Röhrchen mit Seifenblasen und eine Wundertüte. Die kostete zehn Pfennig.

Lustige Musik dudelte derweil von allen Fahrgeschäften. Die Verkaufsstände und Wohnwagen waren aus Holz, manche Bretterwände waren hell, andere dunkelbraun lackiert. Die Dächer dieser Wagen waren tonnenförmig. Große Zugmaschinen hatten sie auf den Kirmesplatz gezogen. Zwei solcher Wohnwagen hingen hinter einem kurzen Kaelble-Laster oder einem Hanomag-Traktor. Wie die mit den Wohnwagen rangierten, das beobachteten die Jungen besonders gern. Am Dienstag nach dem Kirchweihfest wurde der Rummel wieder abgebaut. Karussell, Autoscooter und auch das Riesenrad wurden schnell und geschickt in ihre Einzelteile zerlegt. Wieder rangierten die Schausteller auf dem engen Platz herum, bis alle Wagen in derselben Weise wegfuhren, wie sie auch gekommen waren. Ein ganzes Jahr mussten wir nun warten, bis sie wiederkamen. Aber in den Nachbardörfern gab es glücklicherweise ja auch eine Kirmes.

Es wurde unruhig im Land – Demonstrationen allerorten.

1968

„Treibt Bonn den Notstand aus!" Die ganze Stadt war mit solchen Plakaten übersät. Eine gewaltige Demonstration wandte sich in der Bundeshauptstadt am Rhein gegen die Notstandsgesetze. Wer in Bonn zur Schule ging, der bekam an diesem Samstag schulfrei. Einen Kontakt mit den „Kommunisten" konnte man den Kindern schließlich nicht zumuten. Mit ihren langen Haaren und ihren linken Sprüchen waren die ja wirklich eine Zumutung!

Für uns Schüler waren sie indes umso interessanter. „Benda, wir kommen", riefen sie dem damaligen Bundesinnenminister Ernst Benda zu, „Alle aus dem Osten – Ulbricht zahlt die Kosten". 50 000 Menschen sollen damals nach Polizeiangaben in Bonn auf die Straße gegangen sein. Wahrscheinlich waren es sogar noch viel mehr. Jedenfalls war es die größte Demonstration in der Geschichte der Bundesrepublik bis 1981. „Außerparlamentarische Opposition" lautete ihre Devise. Abgekürzt war das nur die „APO". Das Jahr ihres letzten großen Aufbäumens gegen das „Establishment" sollte später einer ganzen Generation ihren Namen geben: Die „68er"!

„Den Muff von tausend Jahren" wollte der Sozialistische Deutsche Studenten-verband (SDS) unter den Talaren der Professoren entfernen. In ihrem Protest gegen den Vietnam-Krieg hatten die 68er auch Verbündete in den USA.

Berühmte Musiker wie Joan Baez, Johnny Cash und Bob Dylan brachten die Kritik an diesem Krieg eindrucksvoll auf die Bühne.

Als Teenager durchschauten wir das alles noch nicht so ganz. Mancher von uns bewunderte Rudi Dutschke, der als Person beeindruckte, wenn uns auch dessen politische Statements fremd waren. Kaum einer der Erwachsenen erklärte uns, was da eigentlich passierte, und wer von uns in einer der großen Städte lebte, konnte sich der Atmosphäre von Rebellion und Aufruhr kaum entziehen.

Die Anhänger sozialistischer Positionen traf es allerdings schwer in diesem Jahr. Truppen des Warschauer Paktes marschierten in die Tschechische Volksrepublik ein. Mit Panzern schlugen sie dort den „Prager Frühling" nieder. Der Parteivorsitzende Alexander Dubcek hatte dem Sozialismus ein „menschliches Antlitz" geben wollen. Ein ganzes Volk wehrte sich mutig gegen die angeblichen Verbündeten, ohne dabei aber nach Waffen zu greifen. Die Waffen waren Orts- und Straßenschilder mit dem Namen „Dubcek". Überall gab es solche Schilder, die die jungen Soldaten aus den „befreundeten" sozialistischen Ländern verunsicherten. Ihnen hatten ihre Regierenden aufgetragen, das unterdrückte tschechische Volk aus der Knechtschaft des Diktators Dubcek zu befreien. Das sahen die Menschen in der Tschechoslowakei ganz anders, die ihren Parteivorsitzenden unterstützten und auf den Straßen „Dubcek, Dubcek!" riefen.

Verrauchte Zeiten

Der Großvater hatte eine dicke Zigarre im Mund. Gemeinsam mit seinem langjährigen Kollegen und einstigen Schulfreund Wilhelm gönnte er sich jeden Tag diesen Genuss. Die Luft wurde dadurch zwar ziemlich verräuchert, doch wir liebten die beschauliche Atmosphäre in der geräumigen Wohnküche. Auf dem Herd zischte leise ein Wasserkessel. Der Duft von frischem Kaffee hing zwischen dem Rauch der Zigarren. Eine wohlige

Wärme verbreitete sich vom Kohle-
herd aus in der gesamten Stube.

Stundenlang palaverten die alten
Herrschaften miteinander und wir
nahmen an diesen Gesprächen kaum
teil. Manchmal bestach uns der
Großvater mit einer Tafel Schokolade,
damit wir schön brav waren. Daheim
war es der Vater, der dem Laster des
Rauchens frönte. Er bevorzugte
filterlose Zigaretten. Eine zündete er
sich an der anderen an. Mit einem
Kollegen fuhr er in einer kleinen
Renault Dauphine nach Holland, wo die Zigaretten billiger waren. Kurz hinter
der Grenze kauften die beiden Männer die Glimmstängel stangenweise ein.
Auf der engen Rückbank des kleinen Autos drängten sich vier Kinder, die
allesamt ihr Pro-Kopf-Kontingent der zollfreien Ware mitnahmen.

Besonders gern rauchte der Vater französische oder belgische Marken, die
stärker waren als die deutschen Glimmstängel. Wenn er Lust auf eine Kippe
hatte, steckte er sie sich in den Mund und zündete sie einfach an. Ob da
Kinder in der Nähe waren, kümmerte ihn wenig. Wie viel Nikotin wir eingeso-
gen haben, lässt sich kaum mehr erahnen. Lungenärzte würden heute die
Hände über dem Kopf zusammenschlagen, wenn sich Eltern gegenüber ihren
Kindern so rücksichtslos verhielten, wie es damals durchaus üblich war.

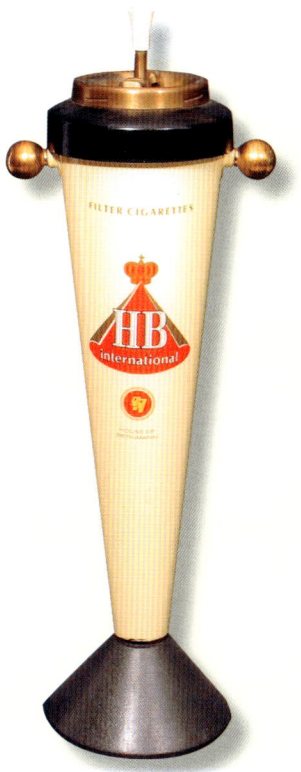

Das Rauchen hat sich aber nur der älteste Bruder angewöhnt. Auch er bevorzugte filterlose Glimmstängel. Als Anfang der 70er-Jahre in Mayen in der Eifel eine Zigarettenfabrik abbrannte, kommentierte er den Zeitungsbericht mit der fröhlichen Bemerkung: „Das muss ja gut gerochen haben!" Wenige Wochen später traf ihn die Folge des Brandes aber umso härter: Seine Lieblingsmarke „Goldhut" war nicht mehr lieferbar. Die Marke hatte sich mit ihrer Fabrik buchstäblich in Rauch aufgelöst.

Ich habe einen Traum

„I have a dream!" Seinen Traum von einer gerechteren Welt ohne Ansehen der Herkunft oder der Hautfarbe musste Martin Luther King am 4. April 1968 mit dem Leben bezahlen. Nach der Ermordung des US-Präsidenten John F. Kennedy erlebten wir schon zum zweiten Mal, dass ein bedeutender politischer Hoffnungsträger in den USA erschossen wurde.

Mit gewaltfreien Aktionen hatte der Baptistenprediger den Widerstand gegen die Rassentrennung in den Vereinigten Staaten angeführt. Gegen erbitterte Widerstände konservativer Weißer errangen die Schwarzen unter King schließlich die geforderten Rechte.

„Ku-Klux-Clan" nannte sich ein Geheimbund der Weißen, der auch vor Morden nicht zurückschreckte. In weiße Kapuzen gehüllt, trieben die reaktionären Rassisten vor allem im Süden der USA ihr Unwesen. Doch King zeigte keine Angst. Von seiner aufrechten Friedlichkeit waren wir tief beeindruckt. So trauerten wir mit der Witwe Coretta King und ihren Kindern über den Tod ihres nur 39-jährigen Mannes.

Fast
erwachsen

Mädels auf Spritztour.

Nix wie raus!

Klein und überschaubar war die Welt, in der wir aufwuchsen. Die Nachbarn
kannten und halfen einander. Aber sie beäugten auch alles, was in der Umge-
bung geschah. Die Zeitung des Dorfes war weiblich und hatte viele Gesichter.
In jedem Fall steckte sie ihre Nase in alles und zerriss sich darüber das Maul.

Chronik

5. März 1969
Die Bundesversammlung wählt Gustav Heinemann (SPD) zum Bundespräsidenten.

20. Juli 1969
Der US-Astronaut Neil Armstrong betritt den Mond.

28. September 1969
Bei der Bundestagswahl erringen SPD und FDP eine Mehrheit.

21. Oktober 1969
Der Bundestag wählt Willy Brandt zum Bundeskanzler.

19. März 1970
Bundeskanzler Willy Brandt und DDR-Ministerpräsident Willi Stoph treffen sich in Erfurt.

21. Juni 1970
Brasilien gewinnt die Fußball-WM in Mexico mit 4:1 gegen Italien. Deutschland wird Dritter.

10. Januar 1971
Die Modedesignerin Coco Chanel stirbt mit 87 Jahren in Paris.

3. Mail 1971
Walter Ulbricht tritt als Erster Sekretär des Zentralkomitees der SED zurück. Sein Nachfolger wird Erich Honecker.

3. September 1971
Das Vier-Mächte-Abkommen über Berlin wird abgeschlossen.

27. April 1972
Der Bundestag lehnt das Misstrauensvotum gegen Willy Brandt ab.

5. September 1972
Anschlag auf die israelische Mannschaft während der XX. Olympischen Sommerspiele in München durch die palästinensische Terrorgruppe „Schwarzer September".

29. März 1973
Der letzte Tango in Paris" kommt in die Kinos.

3. Juli 1973
Die Konferenz über Sicherheit und Zusammenarbeit in Europa (KSZE) beginnt.

24. Juli 1973
Die ARD strahlt die erste Folge der Comedy-Show „Klimbim" aus.

Uns wurde diese kleine Welt irgendwann zu eng. Den Traum von der großen weiten Welt erfüllten wir uns schließlich mit einer gemeinsamen Radtour mit Freunden. Drei Jungen waren wir, die da frohgemut losradelten. Mehr als 200 Kilometer hatte sich das sportliche Trio gleich für die erste große Fahrt vorgenommen. Übernachten wollten wir in Jugendherbergen. Einer hatte vorgeschlagen, zu zelten; doch das hätte uns gezwungen, noch mehr Gepäck mit der eigenen Leibeskraft zu transportieren.

Wenn wir losfuhren, war Peter am schnellsten, doch nach der Hälfte des Tages ging ihm die Puste aus. Mit hochrotem Kopf strampelte er weiter, und bis zum Abend war er der Langsamste. Peter hatte ein Problem, er übte eine große Anziehungskraft aus. Voller Begeisterung flogen alle auf ihn: die Mücken, Bremsen, Bienen, Hummeln und Wespen. Immerzu wurde er irgendwo gestochen. Die gerötete Haut sah aus wie ein Streuselkuchen. Da sich alle stechenden Quälgeister an Peter verlustierten, blieben wir anderen glücklicherweise verschont. Schließlich musste der Gequälte seine Arme mit einem Mittel einreiben, das er sich unterwegs in einer Apotheke besorgt hatte. Der Geruch sollte nun die Angreifer abschrecken.

Doch diese Maßnahme war nur von mäßigem Erfolg gekrönt: Zwar flogen nun weniger summende Blutsauger

auf ihn, doch ganz aufgeben mochten die Biester ihr scheinbar schmackhaftes Opfer nicht. Einige versuchten sich an uns, sodass auch wir ein wenig von Peters stinkender Körperlotion auf unserer Haut verteilten. Bei uns hatte das Mittel einen durchschlagenden Erfolg: Wir blieben von Angriffen stechender Kleintiere verschont.

In den Jugendherbergen, in denen wir übernachteten, trafen wir auf andere Jungen in unserem Alter. Bis zu zwanzig Jungs schliefen in einem Raum, in dem Etagenbetten standen. Mädchen und Jungen waren streng voneinander getrennt. Heimlich schlichen sich aber einige Jungs in den Mädchen-Trakt als eine Art Mutprobe und Angeberei. Weitergehende Interessen hatten die meisten Jugendlichen aber noch nicht, wir waren recht brav.

Die Fahrradtour war unser erster größerer Ausflug ohne erwachsene Aufsicht. Selbstverständlich wollten wir uns des in uns gesetzten Vertrauens würdig erweisen. Jeden zweiten Tag schrieben wir eine Ansichtskarte nach Hause und jeden Abend telefonierte einer von uns mit den Eltern. Der besorgten Mutter berichteten wir, wo wir gerade angekommen waren und dass es uns gut ging. Von seinem fliegenden Fanklub erzählte Peter seiner Mutter allerdings nichts. Sie sollte sich keine Sorgen machen. So schlimm sei es ja auch nicht, beteuerte er. Doch das sagte er nur abends in der Jugendherberge. Wenn mittags die sengende Sonne auf uns herniederbrannte, konnte man ihn durchaus des Öfteren klagen hören.

Nachdem wir nun schon richtig trainiert waren, schafften wir den Heimweg wesentlich schneller als erwartet. Bereits am frühen Nachmittag trafen wir wieder zu Hause ein. Die Erinnerung an eine interessante Reise, neue Eindrücke, sportliche Leistungen und eine verlässliche Kameradschaft ist uns bis heute erhalten geblieben.

Olympiade in München – Die heiteren Spiele enden in einem Blutbad

„Die heiteren Spiele" hätten es werden sollen. Das jedenfalls wünschte sich NOK-Präsident Willi Daume. Als Stadionsprecher hatte man den beliebten Schauspieler und Fernseh-Moderator Hans-Joachim „Blacky" Fuchsberger engagiert. Fröhlich und weltoffen begann das Spektakel. In schickem bunten Dress marschierte die westdeutsche Mannschaft ins neue Münchener Olympiastadion ein. Doch dann kam alles ganz anders.

Am frühen Morgen des 5. September drangen bewaffnete Palästinenser in die Unterkunft der israelischen Mannschaft in der Conollystraße ein. Sie erschossen den Gewichtheber Josef Romano und seinen Trainer Mosche Weinberg. Dann nahmen die fünf Terroristen neun Athleten als Geiseln. Stundenlang verhandelten der Münchener Polizeipräsident Manfred Schreiber und Bundesinnenminister Hans-Dietrich Genscher mit den Geiselnehmern. Genscher bot sich selbst als Geisel im Austausch gegen die israelischen Sportler an.

250 Landsleute wollten die Palästinenser mit ihrer Aktion aus israelischer Haft freipressen. Am Abend begann schließlich ihr Abflug vom olympischen Dorf zum Militärflughafen Fürstenfeldbruck. Dort unternahm die Polizei einen Befreiungsversuch, der in einem Blutbad endete. 14 Menschen verloren ihr Leben.

Voller Entsetzen verfolgten wir vom Morgen bis in die Abendstunden vor dem Fernseher das dramatische Geschehen. Mit dem terroristischen Überfall hatten die palästinensischen Attentäter nicht nur den Olympischen Frieden gebrochen; es war auch ein Angriff auf unsere Hoffnungen von einer friedlicheren Welt.

Danach war nichts mehr so wie vorher. Als Konsequenz stellte der Bundesgrenzschutz seine Sondereinheit „GSG 9" auf. Olympische Spiele ohne strengste Sicherheitsmaßnahmen sind seither nicht mehr möglich.

Kippe und Mofa

Mussten wir uns bisher meist mit eigener Muskelkraft fortbewegen, wenn wir nicht von anderen chauffiert wurden, so winkte uns nun das erste eigene motorisierte Gefährt. „Mofa" nannte man die knatternden Dinger, auf denen viele von uns fortan durch die Gegend brausten. Lässig saßen wir auf dem Sattel und sahen die Welt an uns vorüberziehen. So mancher hat sein Mofa frisiert, um damit schneller als die erlaubten 25 Stundenkilometer fahren zu können. Wer so ein Gefährt reparieren konnte, der hatte schnell viele Freunde und Freundinnen.

Mit der Zigarette im Mund gingen wir sonntagabends im Wald spazieren. Eigentlich hatten die Eltern uns in die Kirche geschickt, aber da gab es nur einmal im Monat einen Jugendgottesdienst. Ansonsten langweilten wir uns zwischen den alten Leuten tödlich! Der Waldspaziergang mit Kippe hingegen hatte für uns das gewisse Etwas. Er war eine Art Mutprobe. Frech blickten wir den Polizisten im Streifenwagen direkt ins Gesicht, wenn sie langsam an uns vorüberfuhren.

Erst mit 16 durften Jugendliche rauchen. Uns schien es ein besonderer Beweis von Tapferkeit, das Verbotene ganz offen zu tun. Als hätten Polizisten den lieben langen Tag nichts anderes zu tun, als 15-jährigen Jugendlichen die Kippe aus

Ein Mofa war unser Traum.

dem Mund zu nehmen. Mit 16 war der Reiz des Verbotenen dann dahin. Eine Mutprobe war Rauchen nicht mehr. Glücklich kann sich schätzen, wer sich das Rauchen damals gar nicht erst dauerhaft angewöhnt hat. Die anderen müssen es sich seither wahrscheinlich jedes Jahr wieder aufs Neue abgewöhnen.

Der legendäre Mann im Mond

„Es ist ein kleiner Schritt für mich, aber ein großer Schritt für die Menschheit", sagte Neil Armstrong. Dann tat er diesen Schritt hinaus aus der Mondfähre. Als erster Mensch betrat der amerikanische Astronaut am 20. Juli 1969 den Mond.

Die Bilder und die Übertragungsqualität des Tons waren so gut, dass etliche Zeitgenossen glaubten, sie betrachteten eine getürkte Inszenierung aus irgendeinem Hollywood-Studio. Es war ja auch kaum zu glauben: Jahrhundertelang hatten Menschen den Mond besungen, und nun sollte einer ihn nur zwölf Jahre nach dem Start des ersten künstlichen Himmelskörpers schon betreten haben?

Mit einem Spezialfahrzeug fuhren Armstrong und Edwin Aldrin auf dem Mond herum, während Michael Collins das Mutterschiff hütete. Es gab Fernseh-Direktschaltungen zum Mond und ein Telefongespräch zwischen Armstrong und dem US-Präsidenten Richard Nixon. All das konnten wir mitverfolgen. Wieder einmal war es der Fernsehbildschirm, dessen Anziehungskraft für einige Stunden größer wurde als die der Erde. Aber dann holte der Alltag uns wieder ein, und der Mond verlor schnell an Reiz. Mutmaßungen über den Mann im Mond hatten fortan nur noch sehr wenig Gehalt. Alle wussten schließlich: Der Mann auf dem Mond war Neil Armstrong.

Willy Brandt überzeugte den demokratischen Nachwuchs.

Willy wählen?

„Willy wählen!", stand auf den orangeroten Blechknöpfen. Wer vor der Bundestagswahl 1969 seine Unterstützung für den sozialdemokratischen Kanzlerkandidaten dezenter ausdrücken wollte, trug eine kleine Nadel mit rotem Kopf am Revers. Zwanzig Jahre nach Gründung der Bundesrepublik musste die CDU/CSU als Regierungspartei abtreten. Willy Brandt wurde Bundeskanzler. Als Regierender Bürgermeister hatte er 1961 den Mauerbau miterlebt und 1963 den amerikanischen Präsidenten John F. Kennedy in Berlin empfangen. In der Großen Koalition fungierte der SPD-Politiker als Außenminister.

Brandt, der als Herbert Ernst Karl Frahm 1913 in Lübeck unehelich geboren wurde, hatte die Zeit des Nationalsozialismus in Norwegen und Schweden als Widerstandskämpfer verbracht. Manch Konservativem war der einstige Exilant als „Kommunist" oder gar „Verräter" verhasst. Umso enthusiastischer setzten sich gerade Jüngere für ihn ein. Wir durften damals zwar noch nicht wählen; Meinungsknöpfe tragen konnten wir aber schon, wenn unsere Eltern es uns nicht verboten.

Mit 17 hat man noch Träume

„17 Jahr, blondes Haar", trällerte Udo Jürgens. Die amerikanische Schlagersängerin Peggy March meinte: „Mit 17 hat man noch Träume". Es war ein ganz besonderes Alter: Kurz vor dem Erwachsen-Werden betrachteten wir die Welt nicht mehr mit den Augen des Kindes und doch noch nicht ganz mit denen eines Erwachsenen. Für abgeklärt hielten wir uns; und manchem mögen wir richtig altklug vorgekommen sein mit unserem Halbwissen!

Eine Schöne im kurzen Mini.

Für Mädchen interessierten sich die Jungs jetzt ganz offen. Tanzen wurde unser neues Hobby. Manchen schickten seine Eltern in die Tanzschule. Doch es waren nicht so sehr die Standard-Tänze, die uns interessierten. Ausgelassene Bewegungen zu heißen Rhythmen lockten uns mehr. Nur wenn die zarte Flamme der Liebe entbrannt war, dann zählte langsame Musik, zu der man richtig eng auf Tuchfühlung gehen konnte. Manche Mädchen trugen Miniröcke, um damit den Jungen zu gefallen. Aber die süßesten Frauen aus unserer Klasse schauten eher nach den Typen ein oder zwei Klassen höher!

Im Kino oder in den Gazetten am Kiosk gab es nun viel entblößte Haut zu sehen. Auch die Boulevardzeitungen präsentierten gern nackte Tatsachen auf der Titelseite.

15. bis 18. Lebensjahr

Bei Feten durfte man auch schon mal näher an die Angebetete heranrücken. Einige Paare ließen es dann nicht beim Händchenhalten. Heiße Küsse wurden ausgetauscht, während die Alleingebliebenen neidisch zuguckten. Sie trösteten sich mit der Bierflasche, die nun auch öfter mal den Weg an unseren Mund fand. Bald schon bevorzugten wir aber die Küsse und Liebkosungen desjenigen Menschen, der nun an unserer Seite ging. Wir schwebten im siebten Himmel, wenn wir miteinander knutschten. Im Sommer suchten wir uns dafür ein stilles Plätzchen im Wald, wo keine Eltern uns störten. Daheim durften die meisten nicht allein mit einem Menschen des anderen Geschlechts im Zimmer sein, weil die Eltern sonst vielleicht wegen „Kuppelei" hätten bestraft werden können.

Gescheitertes Misstrauensvotum

Die ganze Klasse schaute gebannt auf das Fernsehbild. Mit feiner Ironie kanzelte SPD-Fraktionsvorsitzender Herbert Wehner den Angriff der Unions-Fraktion auf Bundeskanzler Willy Brandt ab. Mit einem „Konstruktiven Misstrauensvotum" nach Artikel 67 des Grundgesetzes wollte die CDU/CSU-Bundestagsfraktion am 27. April 1972 Willy Brandt als Bundeskanzler durch den CDU-Vorsitzenden Rainer Barzel ersetzen. Die „Ostverträge" mit der Sowjetunion und Polen spalteten die Nation, überall wurden hitzige Debatten geführt. Mehrere Abgeordnete der Koalition hatten seit der Bundestagswahl von 1969 die Seite gewechselt. So rechnete sich der Kandidat Barzel gute Chancen aus, die nötige „Kanzlermehrheit" von 249 Stimmen zu erreichen.

Die meisten in der Klasse drückten Willy Brandt ganz fest die Daumen, dass „Rainer Candidus" damit nicht durchkommen würde. Jede Stichelei Wehners gegen die CDU und ihren Kandidaten verursachte Zustimmungsäußerungen im Klassenraum. Für die meisten von uns war Barzel ein ekliger Fiesling, der dem Hoffnungsträger im Kanzleramt ans Leder wollte.

So brach bei uns begeisterter Jubel aus, als Bundestagspräsident Kai-Uwe von Hassel das Abstimmungsergebnis verkündete. Barzel hatte nur 247 Stimmen auf sich vereinigen können. Mit zwei Stimmen Mehrheit blieb Brandt im Amt und konnte seine Ostpolitik fortsetzen. Wie sich erst Jahre später herausstellte, hatte die Staatssicherheit der DDR bei dem Ergebnis wohl etwas nachgeholfen.

„Ekel Alfred" und seine Familie.

Eine furchtbar komische Familie

Wolfgang Menges Familienserie „Ein Herz und eine Seele" kam 1973 erstmals ins Fernsehen. Heinz Schubert als „Ekel Alfred", Elisabeth Wiedemann als „dusslige Kuh", Hildegard Krekel als deren Tochter und Diether Krebs als „linker" Schwiegersohn erheiterten etliche Folgen und jahrelang das Publikum. Als dann einige der Hauptdarsteller ausgetauscht wurden, war es aus mit dem Vergnügen. An die „echten" Tetzlaffs kam halt keiner ran.

„Ein Herz und eine Seele" waren die Tetzlaffs keineswegs. Das Familienoberhaupt Alfred war vielmehr ein unerträglicher Haustyrann. Seine Ehefrau beschimpfte er regelmäßig als „dusslige Kuh". Und auch mit seinem sozialdemokratischen Schwiegersohn kam er kaum auf einen grünen Zweig. Der besondere Witz dieser Komödie lag in der satirisch überzeichneten Darstellung konservativer Geisteshaltungen, die uns damals in milderer Form allerorten begegneten. So zeigte Wolfgang Menge mit seiner Serie ein Stück bundesdeutschen Alltags auf. Herzhaft gelacht haben wir darüber, konnten wir in Alfred doch Züge von Personen aus unserem Bekanntenkreis wiederentdecken. Die waren natürlich nicht ganz so ekelhaft rechthaberisch!

Ohne Eltern auf großer Fahrt.

Endlich erwachsen!

Ein letzter Aufgalopp, und dann waren wir fertig mit der Schule. Wer das Gymnasium besucht und keine „Ehrenrunde gedreht" hatte, der machte Abitur. In einigen Bundesländern hatten die Schüler durch die Umstellung des Schuljahresbeginns von Ostern auf den Herbst in zwei sogenannten „Kurzschuljahren" sogar acht Monate Unterricht gespart.

Die Tage nach der Schulentlassung verbrachten wir auf unterschiedlichsten Feiern verschiedenster Mitschülerinnen und Mitschüler. Aber dann mussten wir schnell ein Studienfach und die passende Hochschule dazu aussuchen. Zudem galt es, eine Bleibe am neuen Wohnort zu finden. Ein eigener Haushalt besiegelte den neuen Lebensabschnitt. Von nun an waren wir selbst für uns verantwortlich.

Wer die Haupt- oder Realschule absolviert hatte, hatte meistens während der Lehre weiter bei den Eltern gewohnt. Irgendwann drängte es uns alle aber hinaus aus dem Elternhaus und hinein in die eigenen vier Wände. Zunächst genossen wir die neue Freiheit, bis das Geld irgendwann knapp wurde. Glücklicherweise konnten wir unsere Eltern aber noch das eine oder andere Mal anschnorren!

Auch wenn das Volljährigkeitsalter erst kurze Zeit nach unserem Geburtstag von 21 auf 18 Jahre abgesenkt wurde, täuschte nichts mehr darüber hinweg: Jetzt waren wir erwachsen!

15. bis 18. Lebensjahr